人生の質が上がる
魂の磨き方

瞑想の力

ヨグマタ
相川圭子 著

大和書房

ヒマラヤの瞑想は、満ち足りた静寂の時間

人は自然の存在です。この体も自然のひとつです。宇宙と同じ素材でできていますから、体も小宇宙なのです。その自然の存在である人の生き方、生活に、いま本当の自然はあるでしょうか。

科学が進歩し文化が発達してきました。人間も、いろいろな事柄に適応して進化しています。しかし、文明や社会が発展して、人を取り巻く環境がいくら便利になっても、私たち人間の心はそのままです。

現代を生きる私たちは、自然の子でありながら、不自然な生き方をしているようです。自然を破壊し、不自然の中で生きているのではないでしょうか。自然を疎外する世界で、新しいウイルスが生まれたりします。

気象の変化、大規模な自然災害、天然サイクルの乱れ、世界のあちらこちらで紛争が起きています。

新しい生き方をしましょう。

私はヒマラヤ秘境で厳しい修行を行い、小宇宙である心と体を修行によって浄め、変容させたのです。そして究極のサマディという、最終段階の瞑想に入り、真理となりました。究極のサマディに何日も没入して復活したのです。それはキリストが死から復活したのと同じように、何度も行って自由自在にできるのです。

この小宇宙の自然性を取り戻し、命の働きを目覚めさせ、神を実際に体験しました。人はどうしたら最高の幸せを得られるか、どうしたら変容して深い平和を得て、自然性を取り戻せるかがわかったのです。

この本では、その入り口となる真理への道を解明していきます。

あなたが進化するというのは、あなたの中に自然性を取り戻すということです。神聖さを取り戻すことです。これからご紹介するヒマラヤ秘教の瞑想で、少しでも心の曇りをとり、希望の光が差し込むようにすることが大切です。

そのためには大自然をつくる源の存在に、チャンネルを合わせるのです。そうした時間を、一日に十数分間もちましょう。源の存在にコンタクトするために、無心になり静かな時間をもつことが必要です。

ヒマラヤの恩恵は、あなたを内側から輝かせていきます。

自分を浄めて磨き、上質な人へ成長していきます。それはリセットではなくリボーン、生まれ変わりです。

瞑想を続けていくと、本質が、輝きを放つようになります。

楽に社会を生きていけます。理想とする人間関係ができていくでしょう。

タフなメンタルと、宇宙的な愛が共存する人間が、瞑想によって形成されるのです。

瞑想で精神性を磨いていくと、執着がごそっと落ちます。こだわりや執着がどんどん外れて、心が空っぽになったような感覚になります。自由で軽やかです。取り越し苦労も、心配も、悩みもありません。嫉妬も後悔もしません。

ヒマラヤシッダー瞑想は「真理に気づき、すべてを知り、本当の自分に出会うこと」を目的とします。それは私たちが生まれてきた理由、人生の目的でもあります。

「真理」を信じて生きていきましょう。大いなる存在、永遠の存在、それこそが真理です。真理を信じそのクオリティをいただき、知恵ある行為をして生きていきます。

いまこの国と、この時代に生まれたことに感謝します。ヒマラヤの教えとの出会いにより、あなたの内側を磨き、進化できるチャンスがあることを喜びましょう。

私は7年間ヒマラヤの奥地で究極のサマディの修行を行って真理に達し、その後、15年にわたってインド各地で毎年1回ないし2回の公開サマディを18回行い、人々に悟りを目に見える形で証明し、平和と愛のメッセージを伝えてきました。これについては私の既刊『未来をつくる成功法則』（大和書房）を参照ください。人々を真理に目覚めさせ、変容させ、生まれ変わらせ、真の幸福に導く力を得たことを記しています。

これから、私、ヨグマタがあなたを「真理への旅」の入り口にご案内します。そこで紹介されるヒマラヤの瞑想の意味合いや特徴、効果などに興味をもたれたら、どうぞ瞑想の世界の扉を開けてください。

それは、数億年という壮大な年月を秘蔵する、あなたの内側への旅のはじまりでもあります。

ヨグマタ　相川圭子

Contents

瞑想の力

第2章 瞑想のはじまりを知る

第3章

瞑想の先にあるもの

第4章 瞑想が変えていくもの

第5章 瞑想を起こす

第6章

瞑想のある生活
ヒマラヤシッダー瞑想の実践

Meditation is close to you.

第1章

瞑想はあなたの身近にある

「内的な豊かさ」をもてるようになるのが瞑想です

あなたは「瞑想」にどんなイメージをもっているでしょうか。

この章では、瞑想のはじまりやその意味合いに触れながら、私たちにとって瞑想がいかに大切なものであるかを紹介します。また、瞑想の体験は言葉に表せないものですが、私たちにとって身近な瞑想的体験の例についても述べてみます。

「私は誰なのか」という問いから生まれた瞑想

瞑想は、「神を思う」ことからはじまりました。それは真理の探究といってもいいでしょう。果てしなく広がる宇宙の源には何があるのか。いま生きている自分は誰なのか。そうした問いを追究する手段として、ヒマラヤで瞑想が生まれました。

瞑想のルーツは、５０００年以上も前にインドで誕生したヒマラヤ秘教にあります。多くのヨガの源流といわれるヒマラヤ秘教（ヒマラヤシッダーヨガ）では、修行法のひとつとして瞑想が行われていました。

「神」を意識して心の曇りをとる修行をすると、**粗雑なエネルギーが鎮まり、さらに深い、創造する源、つまり神に没入する、それはワンネスになっていくこと**だと、ヒマラヤで修行をしていた聖者が気づいたのです。それはまさに「神との邂逅《かいこう》」でした。「真理を探し当てた」といってもいいでしょう。

日常、神を信仰してお供えをしたりお祈りをしたり、まつりごとをする。そうやって神に喜んでいただくと、こちらへ意識を向けてくださり、静かな心でいるときや夢の中で神と出会えることを、ヒマラヤ聖者たちが発見したのです。そして、神からパワーをもらったり、悩みが消えたりという体験をしました。

そうした体験から、**心を超えた偉大な存在**を強く意識するようになったのです。さらに聖者たちは、外に存在する神だけではなく、人間の体が宇宙と同じ素材でできていることに気づき、人体を小宇宙と考えるようになったのです。そして**体の内側、源にある生命エネルギー（神の存在）に出会っていく秘法**を発見しました。それが瞑想秘法の数々です。

それは「内なる宇宙への旅」をガイドする秘法なのです。

内側を浄化し、本来の自分に出会う

私たちは昔から物体の正体や成り立ちを知りたいと思い、それを分解し、何でできているのか調べてきました。人間の体ならば、まず骨格や筋肉、内臓などに分類するでしょう。さらに、エネルギー、神経やホルモンの働きなどにも注目し、血液型や遺伝子、ＤＮＡのしくみや働きを探究します。

地球の成り立ちを知るには、地質学や地理学のほか、天文学や宇宙理論なども駆使することになるのでしょう。

ところがヒマラヤ秘教の瞑想は、そうした科学者が行っている外側からの分解や、科学的な分析とは異なるアプローチをします。体の中のエネルギーのセンターや、心について見つめ、さらにその奥にある質を実際に体験していきます。それは「**自分で感じて根源を知る**」「**物の正体を知る**」ということです。

この後の項目で詳しく紹介しますが、**尊い存在に意識を向けて精神統一し、やがてその源に達していく**のが瞑想的な流れです。外側ではなく内側にあるものに気づき、究極のものを知っていくのです。

根源を知るということは、その構成要素や成立のプロセスがすべてわかるということです。そうやって自分の内側への旅を行っていきます。

現代を生きる人たちの多くは、視線も意識も自分の外側に向きがちです。外側の人や物に五感を刺激され、喜怒哀楽のままに生きています。外側にばかり気をとられ、自分の内側へ目を向けることはしません。「自分」について知らない、自分の源に何があるのかを知らないのです。しかし、それを知ることで、最高の内的な豊かさをもつことができるのです。

瞑想の世界の広がり

ここ数年、書籍をはじめ、多くのメディアで瞑想が取り上げられていると聞きました。仕事のストレスの低減につながるとして、世界的な企業が瞑想をメンタルケアに取り入れたことをはじめ、欧米の社会に広がっているようです。

アメリカには古くからインドのグル（先生）が行き、インド哲学を広めていました。そうしたなか、１９６０年代からヒッピーと呼ばれる若者たちが自由を求めてインドに渡り、ヨガや瞑想といった精神世界の事柄にとりつかれていきました。

やがてそれがカリフォルニアの心理学者の間で広まり、初歩的なヨガと瞑想、あるいは仏教から宗教的なものを除いたテクニックの瞑想が「マインドフルネス」になって広まりました。

その流れが脈々と息づき、現代のビジネス社会などに浸透しているわけです。

仏教では、瞑想のことを禅といいます。ヒマラヤを源流とする瞑想の一部をお釈迦様が実践して悟られたことで、仏教にも取り入れられました。日本では、瞑想といえば「禅」や「坐禅」を連想する方も多いのではないでしょうか。瞑想を意味するサンスクリット語の「ディヤーナ」がインドから中国に渡り、「禅那」という当て字になり、そのうち頭の漢字だけをとって「禅」となりました。日本人と瞑想は、古くから近しい間柄にあります。ちなみに、瞑想を英語ではメディテーションといいます。少し軽く聞こえますね。

このように、瞑想（メディテーション）といってもさまざまな方法や考え方があります。本来は「悟り」のための瞑想ですが、現代の潮流としては、軽いリラックスの瞑想が広がりを見せているようです。

ヒマラヤシッダー瞑想は、前述したようにヒマラヤ聖者が神との出会いを求め、神を慕うのみでなく、神になりたいと願い、苦行して究極の真理を悟る道です。

この瞑想は、単に心身をリラックスさせるだけのものではありません。悟りに向かうほど内側を浄め、変容できる命の科学であり、門外不出の秘密の教えです。生きたシッダーマスター伝授の秘法瞑想が深まるにつれて内側の浄化が進み、無限の可能性が開花していきます。そして生涯の安らぎが得られるのです。

瞑想はストレスをほどくだけでなく、エネルギーを充電させます

ヨガと初歩的な瞑想は、健康やストレス軽減のために宗教を超えて人々の間に広がりを見せています。そのなかでもヒマラヤシッダー瞑想は、赤ちゃんから老人まですべての世代の願いがかなえられ、そして真の悟りへの道をガイドする、安全でパワフルな瞑想です。いま、聖なるエネルギーに守られた、真の教えの登場が待たれるときです。

ストレスフルな日々の休息や癒やしとして

私たちは豊かな時代に生き、さまざまなもので満たされています。しかし、それゆえ自分の外側にあるものばかりに目を奪われ、**自分というものの根幹**を見失いがちです。私たちはさまざまな価値観にしばられ、コントロールされています。

「もっと、もっと」と自分を追い込み、心と体を酷使していませんか。

常に緊張を強いられ、神経がすり減っていませんか。

「能力やスキルを伸ばしたい」「収入を増やしたい」「素敵な家に住みたい」。

こうした向上心をもつことはいいことです。しかし、それは反面、虚栄心や競争意識をあおることになっていませんか。

多くの人が、そんな世界に居心地の悪さを感じはじめているのではないでしょうか。そこから自分を解き放ちたい、心の自由な人になりたい、と秘かに感じているのではないでしょうか。

それが、瞑想という世界に癒やしや休息を求めて、人々が惹きつけられる理由のひとつになっているのかもしれません。

能力アップや健康のために

リラックスや癒やし効果とは別に、集中力アップやストレスの軽減を目指して瞑想をしたいと思っている方もいるでしょう。「もっと仕事ができるようになりたい」「素晴らしいアイデアを生み出したい」など、スキルアップや自分磨きに取り組んでいる方にも、ヒマラヤシッダー瞑想は最高の効果を示します。

私は50年以上前、ほとんどヨガが知られていないときから、心身のバランスを整え健康になるために、カルチャーセンターなどでヨガを教えていました。ヨガに関する本も執筆してきました。その頃も、いまと同じようにストレス社会で、心をリラックスさせるために、瞑想が注目されるようになっていたのです。

いずれにせよ、ヨガや瞑想で体や心がリラックスすることはいいことです。なかには自己流で瞑想を行っていて、効果を得ている人もいるでしょう。しかし、最初のうちは何らかの効果があっても、瞑想をガイドなしに続けることは危険です。やはり正しいガイド、マスター（師匠）に出会って行うのが望ましいでしょう。

そして、最も気をつけていただきたいことは、瞑想をすることで他人に差をつけようとか、人より優位に立とうといった、優越感を満たすような気持ちはもたないということです。

現代は競争社会でもあるので仕方のない部分はあるのですが、スキルや能力と称するツールをたくさん携えて「他人に勝とう、勝とう」と頑張っている人が多いように思います。そうした生き方や考え方は、心や体を粗末にしがちです。

そのような意識ではなく、いま瞑想をされている方も、これからはじめる方も、正しいマスターに出会い「**自分を再生させよう**」という意気込みで臨んでいただきたいのです。それは「人ではなく、自分に勝つこと」を目指す瞑想です。

そのためには、あなたを本質から変える瞑想がふさわしいのです。人間の真理、自己を体験する、瞑想のルーツといわれるヒマラヤシッダー瞑想を体験されてはいかがでしょうか。

それは、自己啓発を含む自己変容です。

そして、新しい自分を自分自身で創っていく自己改革です。

心身が整っていくのは、小宇宙の大掃除をしているようなものです

本来、瞑想というのは真理を悟る行《ぎょう》です。ヒマラヤシッダー瞑想を行うには、シッダーマスターによるガイドと祝福が欠かせません。段階を追った瞑想秘法と祝福で浄化と進化をいただき、純粋なエネルギーに満たされることで変容して、より上質な人へと変わっていくのです。

中庸というバランスがとれた立ち位置へ

瞑想が深まると、さまざまな変化が起きます。

エネルギーが純粋になり、心やカルマ（→１３２ページ）が浄められ、心身が整っていきます。それはあなたの中に広がる、**小宇宙の大掃除**のようなものです。

やがて内側が整理整頓されていき、調和のとれた状態を目指すようになります。調和の過程では、心身の内側を浄めることができる秘密の教えと秘法伝授を受け、あなたは変容していきます。そして「**中庸**」というバランスのとれている状態に導かれます。秘密の教えであるヒマラヤシッダー瞑想は、そうした理想的な立ち位置に、あなたを導いてくれます。

調和をはかるのは、自分の内側だけではありません。自分の外側の人や物との調和をはかることもできます。自分が無心になることで、とらわれのない心で対象の全体をとらえ、見ることができます。また対象を理解したいとき、対象に精神を統一して対象になり切っていき、理解したうえでそれを超えるということもあります。

安心のために、自分にセキュリティをかける

内側への旅は、正しいマスターがいなければできません。ヒマラヤ秘教ではひとりよがりな瞑想を戒めています。自己流の瞑想の実践は、将来どういう結果をもたらすのかわからず、効果を保証できるものではありません。

また単なる表面的な瞑想では、時間がたてば元の状態に戻ってしまいます。そうした瞑想は深いところに根づくものではありません。心の思い込みであり、表面部分の修正にすぎないのです。

ヒマラヤシッダー瞑想は、実際に究極のサマディ（悟り）を成就し、真理を悟り、内側を知り尽くしたヒマラヤ聖者（シッダーマスター）からの高次元のエネルギーや、祝福と知恵に守られたものです。その人の深いところからの浄化と変容が起き、それがずっと続くのです。一生ものの恵みを享受できるものです。

ヒマラヤシッダー瞑想は、その実践で得たパワーを「セルフィッシュな目的に使わないこと」を約束した、すべての人に与えられます。分け隔てのない「源からの贈り

物」です。詳細は第3章、第4章で紹介しますので、ここではごく簡単にその「ヒマラヤの恩恵」について紹介します。

瞑想を続けることでまず感じるのが、**誰かに守られている感覚**です。セキュリティがしっかりした、居心地のいい部屋にいるような感じです。また、自分の内側が満たされている感覚が生まれます。

私たちはお金や知識を得たり、学歴や名誉、家柄に守られたりすることで不安や恐れから逃れ、安心や満足を得ている面があります。外側のモノやコトを自分にくっつけることで、心の支えとする人は多いでしょう。未来の安心のために生命保険に入ったり、安全のためにセキュリティの会社を頼んだり、国のレベルでは軍隊をもつなどして安全を得ていきます。そうやって誰もが不安を取り除こうとしているのです。病気にならないために、健康食品に目を向ける人もいるかもしれません。社会的な安定のために大企業に入ったり、よい結婚相手を探したりということもあります。

こうした安心をさらに大きくするために、**自分にセキュリティをかける**のです。それがヒマラヤシッダー瞑想です。修行ができない人でも、源の存在とマスターを信頼することで、ヒマラヤのパワーにつながって守られるのです。

外側のモノやコトに依存しなくても、守られている感覚を抱き、内側から満足感や喜びがふつふつと湧いてくるようになります。もちろん瞑想修行ができるようになれば、さらに内側が変容して満たされていきます。そして心の深いところに核のようなものができ、自信がもてるようになります。不安や心配、恐れなど、ネガティブな感情を寄せつけず、何事にも動じない「不動の心」を育むベースができるのです。

心の整理整頓がすすむと、エネルギーが満たされる

「心が満たされる」。それはヒマラヤシッダー瞑想による浄化作用で、心の整理整頓が進んだことを意味します。**内側の執着が落ちて純粋になるのです。**

いままで長い年月の間に取り込んだ情報や知識、人や物へのこだわりや負の感情など、蓄積されたガラクタが捨て去られていきます。心の曇りが晴れ、クリアな気分になり、気持ちや頭もすっきりと軽くなります。整えられた心が行動や思考の効率を上げるので、すべてにおいて無駄がなくなるでしょう。直感も冴え、とっさの判断にも迷いません。集中力も高まり、質の高い作業や仕事ができるようになります。

高次元のエネルギーにつながると、私たちの内側は純粋なエネルギーで満たされます。するとそれまでの心の消耗から、充電、充足へとスイッチが切り替わり、生命エネルギーが体に満たされていきます。「瞑想をすると若返る」という感じになるのです。これは瞑想で活性化された生命エネルギーが、細胞を若返らせるためです。神経がリラックスしてエネルギーが消耗せず充電されるので、実際に肌のツヤがよくなります。

ヒマラヤシッダー瞑想はアンチエイジングになり、不死になる修行だからです。

また、内側のエネルギーが整うと、静寂で純粋でパワフルになります。これは私たちの**波動**を変えることにもなり、穏やかで柔らかな雰囲気をもった人になっていきます。そして心が平和になり、時間がゆっくり流れ、年をとらなくなるのです。究極のサマディ（悟り）は、心と体が死を超えてストップして、時間を超えるのです。

駆け足でヒマラヤシッダー瞑想がもたらすものを紹介しました。しかし、これらはそのごく一部です。内側の奥深くへ進む変容には、さらなる効果があるのです。

ヒマラヤシッダー瞑想で変わっていく自分を知ること、それは未知なる自己との遭遇です。遥かなる小宇宙への旅のはじまりです。

心を悩まさないものと向き合って集中して、一体になりましょう

全体が見える人、自分の考えに固執しない人は、瞑想的な性格をもっているといえます。高次元の存在にサレンダー（降参）してすべてをありがたいと感謝するとき、初めて深い瞑想ができます。

そして、内側の蓄積した過去の記憶も目覚めさせて浄めることで、内側の世界が着実に進化します。

瞑想的な状況をつくるもの

瞑想しているときというのは、どんな状態なのでしょうか。

たとえば、何も考えずにできる単純な作業を繰り返しているうち、次第に楽しくなり、没頭した経験はありませんか。行為と自分が一体になって、疲れを知らずに何かをしているような状態です。

あるいは長距離を歩く行為など、一生懸命やると足が軽くなってどんどん歩けるような気分になる感じです。こうしたことは、瞑想的といえるかもしれません。また、お風呂に浸かってリラックスしているときも瞑想的な状態かもしれません。

動作を考えずにそれと一体となり、自然になるとき、心配の心が働かずそれを楽しんでいるとき、それは瞑想的といえるかもしれません。

しかし、瞑想においては、もっとパワーがいただけるものを対象とするのがいいでしょう。神、あるいは自然のもの、心を悩まされないものと向き合って集中し、それと一体になること、それが本当の意味の瞑想です。

自由な発想を生む

瞑想をした後のリラックスした心に、新しい企画や試作品の改良、斬新なアイデアなどを生む力が生まれて、それが企業にとっての力にもなるかと思います。

ビジネスでも瞑想が活用できるということです。

多くの企業では、会議でアイデアを出し合い、議論を積み重ねて、商品やサービスなどの品質向上をはかります。他社の製品よりも少しでもいいものをつくるために、ひとつのテーマを追求し、とことん考えつくすわけです。

そうしたときに**自由な気持ち**をもっていると、いいアイデアが出ます。日ごろシッダー瞑想をしていると、価値観のとらわれがなくなり自由な発想が生まれます。仕事の企画や発想が固定観念から解き放たれ、新しいアイデアへとつながるのです。

ただし、気をつけていただきたいことがあります。リラックス程度の一般的な瞑想で、多少パワーを得たからといって過信をすると心を使いすぎたり、休みなく働いたりということが起こり、その後どーんと落ち込んで、うつ状態になることもあります。

瞑想を起こしていくためには、真の対象が大切です。

対象が自然界のものや高次元の尊いものであれば、安らぎをいただきパワーを引き出すことができます。そのことで、執着が外れ、やがて無心になれるのです。

ちなみに、人物などを対象として、集中していくことをチャネリングといい、その人物と一体になり、そこにはまっていきます。それをきっかけに、いろいろなエネルギーが憑依《ひょうい》することがあります。それは、その人をコントロールして貪《むさぼ》る、強い心の働きとエネルギーです。

これはいわばサイキックの状態であり、ときに病的で危険な状態です。心は惹かれやすい人格に染まり異常になりますので、こうした訓練はしないほうがよいのです。そのような何かが目覚めて内なる声を聞いたとしても、それに関わらないようにしなければなりません。

「味わう」手法で、自分を超える

自由な心でいるには、悟りを知るマスターのガイドで、パワーの源泉の回路を開発していくのがよいのです。それがヒマラヤシッダー瞑想です。

ヒマラヤシッダー瞑想をすると心が浄化され、執着がとれて自由な発想が生まれやすくなります。偏りのないよいアイデアが出てきます。また、芸術の世界にもその集中力を活用できます。バランスのとれた考え、あるいは自由な演技や自由な芸術作品を生み出すことができるのです。

たとえば、芸術家がバラの花を作品として表現したとします。花びらの色合いや数、葉の風合いや全体のバランスなど、バラのイメージと向き合って精神を集中します。

その中で「美しい花だ」とか「エレガントに咲いている」とか、小さい花なら「可憐に咲いている」「誰にも見てもらえないで寂しそうだ」とか、さまざまなことを感じとるでしょう。

それは彼らがバラとひとつになりバラの気持ちになって感じているわけです。単なる観察ではありません。バラになり切って、その美しさ、いのちの輝きを表現します。

そのような気持ちから生まれる作品は、表現に深みが伴い、ハイクオリティで、愛が表現された、素晴らしいものになるのではないでしょうか。

ただしこれは集中のアプローチです。それをやり続けることはよくありません。さらにすべてを解き放っていくこと、**自己になること**を目指してください。そうでないとエネルギーの消耗がひどく、疲れ切ってしまいますから。

科学者たちの発見や発明にも、同じようなことがいえるかもしれません。それはやはりマインドを強めていくのです。もちろん深い瞑想的なものも、あることはあります。たとえばアインシュタインはさまざまな理論を導くのに、宇宙のことをあらゆる面から想像し尽くしたのではないかと思います。

関心や興味があることを深く、見えないところまで深く突き詰めていく。それは「考える」のではなく「感じる」という感覚に近いかもしれません。宇宙を感じて、その理論を深くイメージしていき、その新しい法則に気づいたのです。

しかし、これらも突き詰めていくと知識であり、思考を使っています。ですからビジネスパーソンも芸術家も科学者も、心を駆使する人は、ヒマラヤシッダー瞑想の実践を行うとよいのです。見えない存在の探求が瞑想を引き起こし、それは自己の探求、神の探求につながります。そのことで、より一層よりよい集中によって、よい直感が働き、よい仕事や研究、芸術活動ができます。

対象について味わい、理解して手放すのです。

「味わう」という手法で、人の気持ちや本当の姿を理解することもできます。たとえば、その人の表面だけでなく過去を知って「ずいぶん苦労をしたんだな」と理解したうえで、相手の立場を味わって「自分だったらどうしていただろう」と考えてみます。

このように相手に寄り添い、いろいろな方向から相手を味わっていくと、その人への理解がより深まります。

瞑想は、**整理整頓をするもの**であり、純粋になる営みであり、さらに本来の真理を知っていくものです。何やら恐ろしいものでもありません。私たちの日常で体験できる、自然のものに集中し切っている状態なども、瞑想的なニュアンスが含まれているのです。

それは、あなたに恵みをもたらすもの以外の何ものでもありません。

そしてヒマラヤ秘教の教えは、あなたを高次元の存在、真理の悟りに導きます。

さまざまな楽しみがあふれる世の中で、外の対象にばかり集中したり、感覚を喜ばせたりする心は常にうつろいやすいものです。そうしたことを繰り返していると、やがて心身が疲弊していきます。

日常に瞑想を取り入れることで、そんな悪循環から解き放たれ、人生が内側から湧き出るような喜びに満たされるものになります。

瞑想について

○「いま生きている自分は誰なのか」を知るために、瞑想は生まれました。

○外側でなく、内側にあるものに気づき、究極のものを知っていきます。

○リラックスやストレスをほどくだけでなく、
心身を再生させる力があります。

○瞑想を続けると、守られている感覚をもちます。
自分にセキュリティをかけるような感覚です。

○内側の過去の記憶を目覚めさせると、内側の世界が進化します。

○日常に瞑想を取り入れることで、心のうつろいから解き放たれ、
内側から満ちてきます。

Learn the roots of meditation.

第2章

瞑想のはじまりを知る

Learn the roots of meditation.

大自然のプロセス、「宇宙の法則」から、瞑想は生まれました

ヒマラヤシッダー瞑想は、ヒマラヤ秘教のヒマラヤシッダーヨガの修行法です。それは5000年以上の歴史をもつ、ヒマラヤ秘教の体系に組み込まれているものです。本章ではそのヒマラヤ秘教や、ヒマラヤシッダー瞑想の特徴などについて、より詳しくお話しします。

ヒマラヤ聖者が口伝で継承した５０００年の教え

ヒマラヤ秘教は今から５０００年以上前に、ヒマラヤで修行した聖者の「神とは何か」「宇宙のすべてを創造した源の存在、神に出会いたい、神のような力を得たい」という願いからはじまった、とされます。

ヒマラヤの大聖者たちは、人間の体の中に宇宙のすべてがあることに気づきました。さらに、意識を進化させることで、体内の小宇宙の心を超えたところにある「自己」「魂」に出会い、究極のサマディという「悟りの境地」に至ることを発見したのです。

それは同時に聖者たちが「なぜ生きることができるか」「なぜ考えることができるのか」など、科学でも解明できない、**生命の深い知恵と真理を悟った瞬間**でもありました。

こうして長い年月の間に発見した真理は、サマディの叡智《えいち》としてヒマラヤ聖者からその弟子へと、口伝によって受け継がれていったのです。

現代ではよく知られている鍼灸《しんきゅう》やカイロプラクティック、催眠術、東洋哲学なども、真理の究明の過程で生まれたといわれ、ヒマラヤ秘教のヒマラヤシッダーヨガがルーツとされています。

ヒマラヤ秘教は仏教やキリスト教など、すべての宗教のルーツになり、影響を与えているものです。それは大自然から生まれた叡智であり、究極のサマディによって発見されたのです。

誰かが考え、つくり出した教えではなく宇宙の法則です。神の働きである、大自然の創造のプロセスの発見であり、究極の自己発見なのです。真理の教えです。

前述のように、選ばれたヒマラヤの大聖者から、不死や悟りをはじめとする、真理の教えが口伝で受け継がれます。

また、ヒマラヤ聖者の言葉は真理からの言葉であり、それが祈りとなり、スートラという経典になり、聖なる波動のマントラになるのです。

仏教を広めたお釈迦様も、ヒマラヤ秘教の教えであるヴェーダ哲学の影響を受けて、瞑想によって悟りを開いています。それは「自分はいったい誰なのか」という、真理に出会うための道でした。

ヨガは「本来の自分」に出会うためのもの

瞑想と深いつながりがある、ヨガについても少しお話しします。

ヨガというと、体操など健康法をイメージするかもしれません。しかし、本来ヨガは神に出会うため、悟りを開くために行う修行法です。そこには体のヨガの他にも、心と体の正しい使い方の規範、心のヨガ、感覚器官をコントロールすることや、精神統一をするなど、いくつかの修行があります。

なお、本書で紹介しているのはヒマラヤ秘教のヒマラヤシッダーヨガで、究極の自己の悟りを目指すもの、セルフリアライゼーションを目指すものです。それは、誰もが必要な恵みを受けられる、いろいろな要素が入っている総合ヨガになります。

ヨガの中には、体を主に扱うハタヨガや、エネルギーを扱うクンダリーニヨガなど、悟りへのアプローチや手法の違いで、いくつかの流派があります。その中でもヒマラヤシッダーヨガは、悟りのマスターの祝福が伴う総合ヨガです。私はヒマラヤで苦行をし、究極のサマディを成し、そこからの叡智を運んできました。

ヒマラヤ秘教は、セルフリアライゼーションを得る悟りの実践、最高の人間になるための教えです。この道に進むのは難しく聞こえますが、いまその教えに出会えます。そして誰もが祝福をいただきながら、人生の目的に向かって進化し、願いも実現し、楽になって生きていけるのです。自分はいったい誰なのか、この肉体と心の中に何があるのかを知り、そして究極のサマディ、自己の悟りに向かうことができるのです。

ヒマラヤ秘教のヒマラヤシッダーヨガは、8つのステップから成っています。それは悟りへ到達するための「八支則（↓151ページ）」と呼ばれる修行法です。

私のメソッドはディクシャという伝授ではじまり、さまざまな研修の形で、八支則を踏まえながら進化していきます。これらは外側の修行と顕教《けんぎょう》の教え、内側の修行と密教の教えになります。

つまり、**体と心を使って外側の世界とどう向き合うか**の学びと修行です。さらに、自分の内側に入っていき、源に向かっていく修行です。祈りと瞑想という、内なる旅をするにあたっての正しい心身の扱い方です。ただし、すべては秘密の教えであり、テクニックのみでは伝えられない秘法なので、詳しくは述べられないのです。

八支則のはじめと2番目にあたる「ヤマ」「ニヤマ」（↓１５３ページ）は、すべての修行における心構えといえるものです。それは、心身の道徳的規範です。本当の実践ができるようになるためには、心のトラウマの浄化が必要です。単に心で道徳的な教えを守ると、頑固で抑圧的な人になり、人をコントロールする人になってしまう弊害があります。

人は、根本から変わらなければ生まれ変わることはできません。内側の修行に伴い、外側の修行をすることで「心と体が汚れないようによいことに使う」心構えを学び、変わることができるです。

さらに八支則はアーサナ（坐法）、プラーナヤマ（呼吸法）、プラティヤハーラ（制感）、ダラーナ（集中）、ディヤーナ（瞑想）、サマディ（三昧）とすすんでいきます（↓１６３〜１６７ページ）。研修の中に段階を追ってこれらの秘法が盛り込まれ実践していくことができます。そして、瞑想はヨガの最終段階の手前のステップとなって、非常に重要な位置を占める修行です。

私は、最初に祈りと瞑想を伝授してエネルギーを浄化し、深い瞑想を起こして何十年分もの進化を一気にとげていただいています。新たな瞑想者が誕生するときです。

Learn the roots of meditation.

安心のゆりかごに揺られながら、静寂の時間を過ごします

シッダーマスターの悟りのパワー、源からのエネルギーの祝福をいただき瞑想する。これはヒマラヤシッダー瞑想だけのものので、非常に稀な尊い恩恵です。

それは瞑想のクオリティを上げるだけではなく、負のエネルギーを寄せつけないお守りにもなります。安心のゆりかごに揺られながら、特別な静寂の時間を過ごします。

「源の存在」とのかけ橋と、まずつながる

ヒマラヤシッダー瞑想は、シッダーマスターが、その叡智とパワーと愛をもって直接、瞑想の世界へ導きます。

シッダーマスターとは「究極のサマディ」、つまり悟りに達した存在のことです。内側をすべて知り尽くしたマスターです。究極のサマディは、ヒマラヤシッダーヨガの最終段階で、心身を浄化して、深い瞑想から心身を超えて、死を超えて真理となる、つまり神とひとつの究極の意識になる状態です。これを「神我一如《しんがいちにょ》」といいます。

こうして神の意識をもったシッダーマスターは、神、つまり源の存在と人とのかけ橋となり、人々の意識を引き上げて助けていきます。瞑想者あるいはシッダーマスターとつながった人は、彼らを信頼することで偉大なる存在、神からのエネルギーを引き出すことができるのです。

高次元からのエネルギーは瞑想の質を格段に上げ、その深まりを最速で進めます。これはヒマラヤシッダー瞑想だけの恩恵といえるものです。

インドには人口の約1割、1億人の出家修行者がいるといわれています。しかし、そんな信仰大国インドでさえ、サマディを体験した人はほとんどいません。

私はヒマラヤで何年にもわたって修行を重ね、また、ヒマラヤ大聖者たちとの奇跡的な出会いもあり、究極のサマディを成就することができました。究極のサマディを体験することも、そしてシッダーマスターとなることも、女性としては史上初めてのことです。その後も世界平和への願いで、20年にわたり、毎年1回ないし2回の公開サマディ（密閉された地下窟で4日間、死を超えて究極のサマディに没入し、復活する行）を行ってきました。

シッダーマスターとの出会いは奇跡

秘境といわれるヒマラヤの奥地ではいまも、ケーブと呼ばれる洞窟や石窟の中で、数百年あるいは数十年にわたり深いサマディに入っている聖者がいます。過去、何千年もの間、多くの修行者がこの聖地で苦行してきました。こうした多くのヒマラヤ聖者やシッダーマスターは、究極のサマディに入り平和を守っています。そして、ほとんど下界には降りてきません。たとえ現地に赴いても、あの広大な険しい山岳地帯で、聖者を探し出すことは不可能でしょう。それくらいヒマラヤ聖者は、ベールに包まれた存在なのです。現在、世界中で実際に対面できるシッダーマスターは、私の兄弟子のパイロッババと私の二人だけです。

詳細は第6章に譲りますが、シッダーマスターから瞑想の導きを受けるには、はじめにマスターとの絆を結ぶ儀式を行います。それはディクシャと呼ばれ、マスターによって瞑想秘法の伝授とブレッシング（祝福）が行われます。一人ひとりに秘法瞑想が与えられ、浄められることで瞑想を起こす準備を整えていくのです。

このとき、マスターを介して崇高なエネルギーとつながる回路ができます。同時に、マスターが苦行で得たサマディパワーにもつながることになり、カルマの浄化も一気に進みます。

瞑想中は、守りが必要

瞑想を実践するうえで守らなければならないのは、必ず信頼のおけるマスター（師匠）の指導を仰ぐことです。よく瞑想の本や雑誌などを読み、あるいは何かの教えを見て、自己流で瞑想をはじめる方がいますが、前にも述べたように、それはみなさんが考える以上に危険なことです。

　これまでに、私も、独学で瞑想をしているうちに憑依現象に遭ってしまった人や、いろいろな先生についてヒーリングなどをして、体のエネルギーや心のバランスを崩してしまった人、あるいはヒーラー自身を助けた経験があります。

　また、マスターのいない状態で瞑想をしていると「これで正しいのだろうか」「こんな思いが湧いてくるが大丈夫か」など、いろいろな迷いが生じてきます。とくに、日ごろ否定的であると大変です。

　その点、ヒマラヤシッダー瞑想が安心で安全なのは、シッダーマスターという究極のサマディを成した師がガイドし、その悟りの叡智とエネルギーにつながることです。あなたを正しい方向にガイドし、パワーと守りが授けられることになります。それを信じることでさらにパワーが引き出され、加護をいただいて、高次元の波動につながります。こうして**強固なセキュリティシステムに守られ、源の存在につながって、潜在意識の深くに入っていくのです。**

というのも、瞑想中は潜在意識に何が起こるかわかりません。瞑想の修行はさまざまな執着を捨て、どんどん自分が純粋になります。潜在意識もオープンになるので、眠っていたカルマ（→１３２ページ）が目覚め、外側からの刺激で内側の怪しいものがうごめくこともあります。それはちょうど、大手術をしているようなものです。ですからしっかりマスターにつながり、常に感謝と信頼をもって蓄積された悪いエネルギーや記憶を浄化して解放していく必要があるのです。

街中では、いろいろな価値観があり、いろいろな波動が渦巻いています。ですから、瞑想は本来ヒマラヤのような山奥や人里離れた場所で、人や物などからの刺激を遮断して行うほうがよいのです。とはいっても、環境の静けさによっては、内側の乱れがさらに鮮明にあなたを襲うかもしれません。

だからこそ、瞑想は見えない存在を信じて行います。瞑想には、**信じる心、揺れない心**が大切です。そうして真理への道、源への道、悟りへの道を進むことができるのです。

「信頼の橋」をつくってはじめて、スイッチが入ります

目を閉じて座っているだけでは瞑想は起きません。まず瞑想へ入る態勢を整えることが必要です。そのためにはマスターと自分の奥深くがつながり、さらにマスターを介して源の存在とつながらねばなりません。三者を結ぶ信頼の絆をつくることが、高次元のエネルギー伝授のホットラインとなります。

マスターとつながることから瞑想がはじまる

瞑想をはじめるには、「幸福になるためにどう生きるのか」という叡智からの宇宙の法則を学び、実践に生かしていきます。そして、そのための祈りと瞑想の秘法をいただきます。

とくにヒマラヤ聖者からの、直接のヒマラヤシッダー瞑想の伝授が大切です。これでシッダーマスターと魂の絆をつくります。祝福によって、神と自己とシッダーマスターとのつながりをつくるということです。

その浄化で、瞑想をはじめる許可が得られます。

これで瞑想を安心してはじめられます。

このつながりは単なるつながりではなく、命を活性化させるつながりであり、マスターを橋とするつながりであり、マスターへの信仰で神からの多大な恩恵を受け取る回路にもなります。それはどんなに遠く離れていても、断ち切れないもの、守られていくものです。

ディクシャでは、シッダーマスターからシャクティパットという、直接、手のひらのタッチによるパワーの伝授をいただきます。そうすると、カルマという行為の結果と記憶が浄まり、内側が整えられて深い瞑想が起きます。

ある大学教授が私のディクシャを受けていたのですが、彼はスピリチュアルなことを研究テーマにしていて、インドにもヒマラヤ聖者からのディクシャというものがあるのかと思い、くまなく探したそうです。

結局、そうしたディクシャはインドのどこにもなく、ヒマラヤ聖者にも出会えず、私のディクシャがいかに稀有で世界に類のないものであるかがわかったそうです。

インドでは、ブラフマンという神のまつりごとを司る司祭が家庭のマスター、つまり先生になり、結婚式や葬儀を取り仕切り、日本のお寺のお坊さんのような役割をしてくださるのです。しかし、それと悟りの導きの瞑想を指導するマスターは違います。

インドには神々があふれていて、すべての人が神を愛しています。それはインドそのものであり、みんなが神を信仰していて安心をいただきますが、その中でヒマラヤ聖者のディクシャを受けることはあり得ませんし、ヒマラヤ聖者の祝福なども受けられません。それくらい尊い存在なのです。

ですから、このシッダーマスターとの縁を忘れないようにしていくことが大切です。ディクシャで瞑想へのスイッチが入ります。ただ自己流に座っていても、時間ばかりかかって、瞑想にはなりません。

マスターとのつながりは、信頼によって常に働き出します。高次元のエネルギーにつながり、守りをいただくのです。ヒマラヤシッダー瞑想の特徴は、シッダーマスターがもつサマディのエネルギーが注がれることです。

その悟りのエネルギーは、積極的に内側を浄めます。濁りをとって透明にしていきます。サットバという純粋なエネルギーが多くなるように、バランスをとっていくのです。

私たちの質は、**ラジャス（活動的な性質）**、**タマス（鈍い性質）**、**サットバ（純粋な性質）**という、3つのクオリティ（性質）のエネルギーが混ざった存在です。すべての物質がそれらの3種類の性質で成り立っているのです。

瞑想によって、心を浄化していくと、純粋なサットバの割合が多くなって意識が軽くなり、自由な人になります。

マスターの話は「聞く瞑想」

私はよく人から「ヨグマタは近づいて通りすぎても空気のようだ」「音もなくスッと現れる」といわれます。

それは体のエネルギーがサットバなので、私の心身が変容して軽いのだと思います。とくに意識しているのではなく、究極のサマディで心身を浄めつくしてカルマがなくなったので、瞑想が自然に起きて、意識がとても軽いからなのでしょう。

心配や悩みなどを抱えていると、意識と心が重くなり、体の下のほうに重力が働きます。そうすると足どりも重くなり、足がうっ血したりするわけです。

みなさんが「ヨグマタに会うと元気が出る」というのも、じつはこのことが関係しています。シッダーマスターに会うと、カルマが浄められ相手の意識も上がります。そして、サマディレベルからの叡智の言葉は聞くだけで意識が軽くなります。

そうしたエネルギーの問題もありますが、マスターの話を聞き、何かに「気づく」ことで、心の曇りがとれて軽くなります。

また、私の本を読んだだけでも理解が深まり、気づくことで楽になるのです。つまり、心が整理され平和になる「聞く瞑想」です。

悟りのマスターとともにいる、同じ空間に座っているだけで、すでに瞑想になっているのです。シッダーマスターに何度も会うことがよいのです。だからこそ、瞑想には正統なマスターが必要になります。ひとりよがりで意識を高めようと思っても、心のゲームになり、思い込みになってしまいます。マインドレベルではそのエネルギーの質が違うので、うまくいきません。

ただ座っていても、瞑想は起きません。それではいつまでも同じレベルにとどまり、変化も進化もないことになってしまうのです。

心の深いところにある、「源の存在」とはエネルギーでつながります

ディクシャというエネルギー伝授で、心の深いところにスイッチが入ったら、ヒマラヤシッダー瞑想のはじまりです。それはマスターの見守りのなか、高次元からのエネルギーにつながることを意味します。

本来は苦行の末にいただける、神からの恩寵、アヌグラハです。これもヒマラヤシッダー瞑想の奇跡です。

心は慣れっこ。意外に苦しみにも耐えられる

多くの方は自分が心と思い、心につながって生きていて、その心に翻弄されていることに気づいていません。なぜなら心と一体になり、それが当たり前になっているからです。そうして何生も何生も心と同化して生きているのです。

そして私たちは、常に変化する心によって振り回され、エネルギーを浪費し、消耗し続けているのです。たとえば１００キロの体重がある人は、それが普通であると思っているのですが、何かの理由で、一日で体重が50キロに減ると、50キロの重いお肉をつけていたことをしみじみ実感するでしょう。軽さがわかって「えーっ。こんなに重いものをつけていたの」と驚くはずですが、その重さがずっとついているとわからないものです。

驕《おご》りやストレス、こだわりのある状態が日常となり、心の働きもそんなものと思っている人が、瞑想によって一気に静寂な空っぽの心になると「こんなに曇っていたのか」「こんなに楽な世界があるのか」とわかります。

心はストレスなどに慣れっこになっていて、意外に苦しみにも耐えられているのです。

瞑想のスイッチが入れられると、バラバラで散漫になっていたエネルギーが整理整頓され、すっきりしていきます。これはディクシャによってエネルギーのセンター（私たちを生かしめているエネルギーの源）への道が浄められ、源の存在につながることで、高次元のエネルギーとひとつになるためです。

やがて深い静寂に導かれて、心も平和になっていきます。

瞑想から戻ると、その余韻の静けさは続いています。いままでとは違い、平和な心を使います。愛から心を使うとか、感謝で心を使うようになります。それはエゴではない心、偏見や差別のない平等な心、相手を思いやる心です。そしてそれこそが宇宙的な愛、あるいは慈愛を使って生きることになるのです。

変化ではなく、変容が起きる

ワンネス（源の存在とひとつになる）を起こすための、さまざまなヒマラヤシッダー瞑想の秘法があります。こうした瞑想秘法の恩恵を受けず、ただ自己流で瞑想を行っても、ひとりよがりのものになるでしょう。自分のエネルギーだけで一生懸命になっても、空回りするだけです。

たとえば、泥水をコップに汲んでしばらくそのままにしておくと、泥やゴミが沈殿して、水はきれいになったように見えます。しかし、その水をかき回すと、また元のように濁ってしまいます。一方、泥水を濾《こ》してからコップに入れるとどうでしょうか。水の質自体が変わるので、かき回しても水はきれいなままです。

これは源のエネルギーや悟りのエネルギーに守られた瞑想と、そうではない瞑想の違いを表しています。

高次元のエネルギーなどで水を純粋なもの、神聖なものにしてしまえば、水質そのものがすっかり変わります。これは、ある物質が違うものに生まれかわる**「変容」**といえるでしょう。

それに対して、一見、水がきれいに見えるのは「変化」です。見た目は変わりましたが、根本は同じものです。いつかまた元に戻ってしまうかもしれません。

つまり、ヒマラヤの瞑想は**「変化」ではなく「変容」を起こす**のです。「質」を変えるためには、次元の誓う高次元の力によって浄めていく必要があります。

根源から送られるパワーは、宇宙のすべてをつくった力、最もパワフルな力です。目には見えない存在ですが、そこから引き出される純粋なエネルギーがすべてを癒やす力です。そして、すべてを溶かして浄める力でもあります。

神とマスターへの信頼、つまり信仰心をもつことで、そして修行によってさらに曇りを取り除くことで、内側が浄まり、変容していくのです。

瞑想の途中で心配の心につながると、心の中が騒々しいような感覚を覚えることもあります。瞑想中は心が目覚めて浄化していくので、エネルギーが強まるからです。そんなときは常に感謝と信頼を選び、騒々しさもよい浄化が起きている証ととらえ、早く浄化の波が過ぎ去るのを待つのです。これは浄化のエネルギーに翻弄されないために大切なことです。そして浄化を超えることができると、瞑想がさらに深まるのです。

高次元の波動につながり、浄化を高める

ただ座っていたのでは、あなたの内面は浄化されず変化がありません。ヒマラヤ秘

教はレーザーのようなエネルギーをあてて内側を目覚めさせ、心の深いところまでも積極的に浄めていきます。

いままで変化のない瞑想を10年やっていた人が、ヒマラヤシッダー瞑想をはじめて、半年で浄められ、深く瞑想が起きたと喜んでいました。おそらく「タマス」という鈍性のエネルギーを目覚めさせないように、静かな瞑想をしていたからでしょう。

瞑想中は刺激を与えると何が起きるかわからないので、指導する側もナーバスになります。ですからヒマラヤの瞑想では、高次元の安全な波動につながったうえで、どんどん浄めて静寂を得ていくのです。そのプロセスは、内面の汚いものをすべて取り除いて浄め、そのうえでいろいろなエネルギーを活性化させていきます。経験豊かなシッダーマスターの導きにより、安心・安全に瞑想を起こしていきます。

何もしない静かな瞑想を続けていると、いつしか社会生活ができなくなり、誰もいないようなところへ逃げ込むようになってしまいます。あなたには、神の恩寵の波動から祝福をいただきながら、安全で信頼の置ける環境で瞑想を深めていただきたいと思います。

信じる力で、自然と純粋な気が内側を流れ、伝染していきます

源の存在である神を信仰する。そして、マスターを信頼して神とつながる。これがヒマラヤシッダー瞑想の基盤になります。信じることからすべてがはじまります。

ヒマラヤシッダー瞑想の恩恵は、豊かな瞑想を約束する高次元の力です。それは「信じる人」を変容させながら、はるかな真理への道を開いていきます。

目に見えない存在への信頼

ヒマラヤシッダー瞑想は、テクニックだけでは実践できません。源のエネルギーとマスターの手助けが必要です。そのベースには源の存在への信仰と、マスターへの信頼が欠かせないのです。

瞑想を起こし、深めていくなかで、瞑想者は源の存在やマスターから、多大な恩恵を授けられます。それは瞑想の命綱のようなものです。その絆が切れれば、もはや瞑想は形骸《けいがい》化したものになってしまいます。

いま日本では「源の存在」、つまり見えない存在の「神」を信仰する人が少ないようです。

本来、日本人にとって「神様」は身近な存在でした。神を崇め、信じることが日々の暮らしに溶け込んでいたように思います。

それは五穀豊穣や家内安全といった「神への感謝」だったり、苦しいときの神頼みに象徴される「神への信頼」だったりしました。「悪いことをすると神様のバチがあたるよ」といった、素朴な信仰が人々に浸透していました。多くの家庭にそうした神の教えが根づいていたと思います。

これから瞑想をはじめてみようという方は、まず神の存在を信じてください。そして神への信仰心を抱いていただきたいと思います。

多くの人は、自分に見えるものしか信じていません。しかし、この世の中には、目に見えない力が確かにあります。それはこの宇宙を創造し、そこに力を与えている「神」という存在です。私は単に「信仰にすがること」をガイドするのではなく「神を悟る冒険をする」「真の自己発見をする」セルフリアライゼーションを目指すことをおすすめしています。これこそが、人生の最高の目的なのです。

「神＝源の存在」を思うこと

日本人とは対照的に、インドの人たちは篤い信仰心をもっています。信仰が生活の一部になっていて、大らかに神とお付き合いをしています。ですから神を思い、神を信じ、捧げ物をすることが、彼らにとっての瞑想なのです。

神に祈ることが、瞑想と同じ意味合いをもっています。目をつぶって座っていることだけが瞑想ではありません。神を思って、神からよいエネルギーをいただこうとするのも瞑想です。

インドには、人々の信仰上の師となる人「司祭」がいます。いわば人々の先生です。彼らはインドでは「グル」と呼ばれます。グルは暗闇から光に導く先生という意味ですが、とくにスピリチュアルな学びの先生のことをいいます。またそれが「マスター」です。最近、教えをいただく人をメンターといいますが、シッダーマスターは、スピリチュアルメンターといえる悟りのグルです。

家ごとに、司祭のグルが決まっていて、やがて子どもたちは成長すると、今度は自分のグルを探して信仰を続けます。

そして、パワーを得るために、スピリチュアルな「サドゥ」という出家の修行者につき、さらに神や精神的な教えを学ぼうとしていく人もいます。

このようなインドの人たちの瞑想的な生き方に、私たち日本人は見習うべきところがあるように思います。

エネルギーは伝染する

インドの人たちがグルを通して信仰を深めるように、豊かな瞑想を起こすにはシッダーマスターへの信頼がとても大切になります。

シッダーマスターは、あなたと神のかけ橋です。悟りのエネルギーや瞑想秘法も授けてくれます。さらには知恵を与え、あなたをガイドし愛で見守ります。

お稽古ごとやスポーツ教室など、先生に学ぶときは、信頼する真摯な姿勢が大切です。シッダーマスターは計り知れない苦行をし、悟りへの道に達しました。そこから得た叡智とパワーをシェアしています。

日夜、人々へパワーをシェアすることは、計り知れない愛からなのです。人々の意識の進化と幸せを願っているからこその教えなのです。ですからそれをいただくためには信頼する心、そして、エゴを落とした謙虚な姿勢でマスターの教え、導きを受け取ることが大切です。

そうすればヒマラヤの恩恵が内側へと注がれ、神聖なエネルギーに満たされていきます。

エネルギーというものは伝染します。「**気が移る**」といってもいいでしょう。ですから神やマスターに不信でなく信頼でつながると、自然と純粋な気が内側を流れるわけです。それを常に純粋な心で受け取ります。高次元のエネルギーは正しい心で受け取ることが大切です。

常によい心をもってよいことをしていくと、エネルギーが目覚め強まります。しかし、心が反抗的になると、その純粋でパワフルなエネルギーと悪い心が結びつき、自分に悪いことが起きます。

神のエネルギーは悪くないのですが、自分の心が汚れていると、神の純粋なエネルギーがその色に染まり、悪い方向へ働いてしまうのです。

マスターへの信頼のスイッチが入った途端、目に見えて変わった人もいます。

彼女はほかのヨガの教室へ8年間も通い、アーサナ（ヨガの坐法）をやっていましたが、体が硬いので開脚ができなかったそうです。そして最近、私の道場へ通うようになりました。

じつはこの方、重い病気をして、脳の手術の影響で体のバランスがよくないのです。そこで、さまざまな悟りへの道の秘法と教えを実践していただきました。それから、心も体もだいぶよくなりました。

実践した一部の行で、座れる体にするための開脚を行うと、開脚が楽にできるようになったのです。以前はできなかったのに、今回初めて試みたときに、両脚を開いて、頭が前の床にペタンと着くようになりました。何の練習もしていないのにです。彼女は、そのことを不思議がり驚きました。

これは、彼女のマスターを「信じる力」が体を変えたのです。いままで彼女は「体をよくしよう、よくしよう」という、テクニックだけでアーサナ（坐法）をしていたのでしょう。

いくら体を動かしていても、テクニックだけでは、神聖なパワーの回路が開かないためできなかったのです。私のところへ通い出し、ようやくシッダーマスターを信頼したときにスイッチが入ったのでしょう。

よいエネルギーにつながり「私には無理」といった思い込み、心が外れたのです。その結果、奇跡のようなことが起きました。

マスターへの信頼は、みなさんが思う以上にパワフルな力となります。通常の神への信仰とは異なり、サマディパワーの奇跡が起きるのです。それは祈りについても同じです。いくら自分だけで祈っても願いはなかなかかなわないものですが、シッダーマスターに頼んだ祈りは願いがかなえられるのです。

人は、心と体と魂で構成されています。曇った魂を磨いて進化しましょう

ヒマラヤシッダー瞑想の究極の目的は、悟りを得ることです。それは自分の中に存在する神「本当の自分」に出会うことでもあります。単にテクニックでリラックスしたり、ストレスを解消したりする表面的なものではありません。完全な人になる、最高の地点に上り詰めることを目指すものです。源の存在、マスター、あなたの三位一体で歩む真理への道です。

心と体の偏りや不足を整えていく

ヒマラヤシッダー瞑想は、真理に至るための秘法瞑想です。心を浄め、体を浄め、感覚を浄め、最終的にすべてを生み出した源の存在に出会い、あなた自身が源となっていきます。

マスターからのブレッシング（祝福）をいただきながら真理からの教えを学び、実践します。そして祈りとヒマラヤシッダー瞑想を実践することで、短期間で心身が浄化され、変容し、深い瞑想が起きます。

神とシッダーマスター、自分への信頼によってもたらされる、源からの高次元のエネルギーとパワフルな秘法で、心身が深く浄化、変容して空っぽになるのです。

そして、純粋なエネルギーをもつ人に進化していきます。自然と内側の調和がはかられ、いきいきと、そして創造的な生き方ができるようになります。神聖で、知的で上質な人になっていくのです。

人は心と体と魂で構成される存在です。**魂は自己であり、それを覆うのが心と体で**

す。体と心はいろいろなことを体験して、さまざまなことを学んでいきます。悲しんだり喜んだり、心には過去生からの体験の印象が蓄積されていくことによって魂を曇らせています。

私たちはその曇った心と体を、自分と思っているのです。つまり人間は、そうしたカルマを抱えて誰もが不完全に生まれてきます。

ヒマラヤシッダー瞑想は心身を浄化して、心と体の偏りや不足を整えてバランスをとります。そして深い瞑想に導き、純粋にして、調和のとれた人をつくります。それは未完成な自分を完成させる営み、修行なのです。

本来であれば、神に人間がアクセスすることはできません。あまりにも次元が違いすぎるからです。その波動も、エネルギーのパワーも格段の差があります。そのギャップを埋めるのがシッダーマスターです。

神からのアヌグラハという恩寵は、シッダーマスターを介して、高次元のエネルギーとして、信じる人に注がれます。それは創造の源からの恩寵です。この恵みを浴びることで、あなたの内側の浄化と変容が進み、パワフルに生まれ変わることができるのです。

そして瞑想も深まり、さまざまな気づきを体験しながら、ヒマラヤシッダー瞑想の目的である「**本当の自己になる**」ことが可能になるのです。

どこか体に痛いところがあったとしても、また、身のまわりに何か問題が起きていても、この大きな悟りの目的の前にはすべてが解決され、日々のパワーと安らぎを受け進化し続けられます。

私たちがこの世界を離れるまで、さらに死んだ後も進化し続け、若返り続け、愛や知恵が増幅し続けていく道です。もちろん、一歩ずつ丁寧に進んでいくのです。

ヒマラヤシッダー瞑想を知ることは、人生にとって最も幸せな出会いなのです。

瞑想のルーツ

ヒマラヤシッダー瞑想は、
ヒマラヤ秘教のヒマラヤシッダーヨガの修行法です。

ヒマラヤ秘教は、セルフリアライゼーションを得る悟りの実践、
最高の人になるための教えです。

目を閉じて座っているだけでは、瞑想は起きません。
信頼の橋をつくってはじめて、スイッチが入ります。

自分と「源の存在」のかけ橋となるシッダーマスターと、
三位一体となって瞑想をします。

The wonderful transformation that meditation.

第3章

瞑想の先にあるもの

「気づき」が起きてきたら、対象や思いを手放していきます

この章では瞑想によってもたらされる変化を、体験談も交えながら紹介します。それは瞑想の先に見えてくる未知の風景です。源の存在からの神聖なエネルギー、シッダーマスターのサマディの知恵がもたらす恩恵です。

瞑想によって、心が浄化されとらわれがなくなることで、瞑想者を光り輝く人にしていきます。

心の癖に気づく

第2章では、ヒマラヤシッダー瞑想の特徴を紹介してきました。それは単なるリラックスや休息の手段ではなく、究極は自己の悟りを目指す営みです。セルフリアライゼーションです。神からの高次元のエネルギーと、マスターのサマディの祝福と知恵に守られて意識を進化させていくことができる、他に類を見ない、神聖でしかもパワフルな秘法瞑想です。

そんな特別な瞑想を続けていくと、瞑想者にはさまざまな変容が起きてきます。いろいろな変化が表れますが、その中でも多くの方がはじめに感じるのが、**「気づき」**ではないでしょうか。

瞑想をはじめて最初のころは、いろいろな気づきがとても多くなります。いままで思い込みなどで染められた目を通して見ていたものが、心のストレスがとれることで違って見えてくるのです。内側の思い込みや混乱が浄化され、整理整頓されてさまざまなことがわかりはじめます。それはまさに、目からうろこが落ちるような、小さな悟りなのです。

この後に、私の会の会員の方々が実際に体験した「気づき」を紹介しますが、気づきが起きるタイミングも場所も、その内容も、人によって違います。

いままで見えなかった自分の嫌な部分に気づいたり、以前は拒否していたものを許せるようになったり……。「そういえば、いつの間にか……」。そんな感覚で自分の変化に気づくことが多いようです。大切なのは、何かに気づいたら、その対象や思いを手放していくことです。それを続けていくと、次第に心（マインド）が外れていき、さらに気づきが重なっていきます。

手放すときに「そうか。こういうことだったのか」「いままで思いが至らなかったな」といった感覚を味わうことが多くなるはずです。

本当の気づきは心の働きを交えず、**魂の目**で対象をただ見ることです。そして、見たことで対象とは離れていきます。仏教が説く「正見《しょうけん》」です。まさにとらわれのない純粋な意識で見ることなのです。それまで好き嫌いの感情や先入観など、心の働きで人や物を判断（ジャッジ）していた人も、対象をありのままに見られるようになるでしょう。

ここで「気づき」の体験談を紹介します。

「気づき」の中で目立ったのが、他人に対する自分の態度や考え方の変化です。自分が変わることで相手の対応も変わり、対人関係が円満になるケースも見受けられました。

「強い自分」の鎧《よろい》を着ていることに気づいた

瞑想をはじめる前は「必ず結果を出す」「結果を出すためなら何でもやる」といった、強がっている自分がいました。「他人に弱みを見せたくない」。そんな虚勢と見栄でがんじがらめになっていたのだと思います。

しかしいまは、傲慢さが少なくなり、謙虚になってきたように思います。日ごろも自然と感謝が湧き、他人を心から尊敬し、人にやさしくできるようになってきました。これもヒマラヤの瞑想のおかげと感謝しています。

M・M（男性　50代　会社員）

人への恐怖心が激減した

ヒマラヤの瞑想をはじめて一番変わったことは、人間関係です。これまで人間関係を築くことが苦手でした。怒られたり当たられたり無視されたりすることが多かったので、嫌われることにビクビクしていました。

人との会話が続かず、とくに二人きりでの食事などは苦手でした。それが瞑想により自分の欠点に気づかせていただき、相手への思いやり、感謝の気持ちが芽生えました。会話も相手の目を見てスムーズにできるようになりました。

これ以上悪いカルマを積まないように、よい言葉を選ぶようになりました。会話の内容も、明るくさまざまな楽しいものになっています。

T・Y（女性　50代　主婦）

「愛を使う」こと

朝、車を運転して職場へ向かう途中、その感覚は突然訪れました。まるで、記憶を失ったかのように、頭の中に何も浮かんでこないのです。そしてディクシャを拝受したことを思い出し、ハッとしたのです。それまでの私は仕事の効率や生産性、仕事上のルールやマナーにこだわり、まわりの人にもそれを当然のこととして、押しつけていたことに気づいたのです。

ヨグマタの、「仕事にも愛を使う」という言葉が、空っぽになった頭にふと広がりました。それはいつもの通勤より、平和で充実感のある感覚でした。

M・M（女性　50代　会社員）

他人に期待ばかりしていた自分がいました

私が瞑想をしてはじめて気づいたのは、自分がいつでも何かを期待して生きていたということでした。たとえば「体調がもっとよくなればいいのに」とか「上司が嫌な態度をあらためてくれたらいいのに」といった期待です。

あるとき、「期待している」ということは「欲望がある」ということに、ふと気づきました。体のすべてを大自然に面倒を見ていただいて、家族もいて、仕事もあって、もう十分なはずなのに、欲のかたまりになっている自分に愕然としました。それ以来、欲に埋もれないよう、自分を戒めています。

Y・K（女性　50代　会社員）

それまで意識もしなかった自分の内面や、当たり前になっていた心の癖に、ふと気づくときがあります。ヒマラヤシッダー瞑想によって内側が浄まっていくほど、こうした気づきが起きてきます。

次の「気づき体験」は、身につまされる方がいるかもしれません。不快に感じた他人の言動が、じつは自分にそっくりだった、というのです。反面教師という言葉がありますが、まさにこれは他人が身をもって「気づき」をもたらしてくれたのではないでしょうか。こうした気づきはインパクトが強いだけに、深く心に刻まれ、大切な学びの機会となります。

嫌な他人の中に自分を見ました

私にはとくに印象深い「気づき」の瞬間があります。ある年上の女性から仕事上のアドバイス（お叱り）を受けているときでした。ありがたい言葉だと納得できる部分もあったのですが、相手の一方的で上から目線の物言いに、だんだんと息苦しく、不快になってきたのです。

そのときです。「こんな人、どこかで会った気がするなあ」と感じ、思い浮かんだのがなんと自分自身だったのです。そのときは少なからずショックでしたが、同時にとてもわかりやすく「自分は正しい、と強く思っている」「上から目線で相手を抑えつけようとしている」など、自分の嫌なところを見せてもらい、学びにもなりました。その後は、一歩引いて、相手を受け入れられるようになったと思います。

I・H（女性　60代　無職）

効果には個人差がある

ヒマラヤシッダー瞑想にも、神の祝福の瞑想、光の瞑想、音の瞑想、知恵の瞑想と種類があります。気づきは、瞑想中でなくとも、日々の生活の中にもあります。「音を聞いた」「光を見た」「気づいた」「宇宙に行ってきた」「神様を見た」と、人によって体験は違いますが、それを聞いて比較することも、焦ることも、落ち込む必要もありません。

瞑想の効果には、個人差があります。ポジティブな人とネガティブな人、体育会系の人、文化系の人、筋肉体質と神経体質など、個性もカルマも、人生体験もさまざまです。性格の傾向もさまざまです。感情タイプ、頭脳タイプ、内臓タイプ、筋肉タイプ、聴覚タイプ、視覚タイプ、感覚タイプ……。過去生から何を多く使ってきたかによっていろいろなのです。職業によっても効果が違います。

ヒマラヤシッダー瞑想には、基本のほかに、浄化力の強い、気づきの強いエネルギー瞑想、平和の瞑想といろいろあり、それぞれ浄化によって体験が異なります。

こちらで瞑想を実践していくと、繰り返しヒマラヤの洞窟に入ったような、早い変容が起きます。とくにインテンシブ・リトリートという3日間の合宿やサマディ・リトリートという7日間の合宿に参加していただくと、早く悟りに向かいます。

すぐ静寂に入る人、深い空っぽを体験したという人も多いのです。とくに、シッダーマスターによるシャクティパットを受けると、何十年分ものカルマが溶け整理整頓されるので、またサマディパワーと一体になり、光を見たり、いままでにない感覚を体験したりと、みんな輝いて「いま」に戻ってくるのです。

こうした体験は人それぞれですので、あまり積極的には発表はしていません。源への旅の途中で、瞑想のツールもいろいろなので、その体験もそれぞれ違うのです。

また、このような体験のみでなく、**瞑想をすると癖が取り除かれること、人格が高まること**が重要なのです。

本来何生ものカルマをもっている私たちは、にわかに瞑想を実践しても、その効果をすぐに実感すること自体難しい面はあります。マジックではないので一日二日やって悟るというものではないのです。

しかし、だからこそ、自分のカルマを変える、私は生まれ変わるという確固たる決意が必要です。

２５００年前、お釈迦様は、悟りを目指しました。恵まれた王宮を出て、妻子を捨て、すべてを投げ出し、食事は托鉢してもらい、路地に寝て、修行をしていました。そしていろいろな先生に出会っては学び、これではないと思えばそこを去り、真理を求めてさまよい歩きました。そのうち食事をしない修行などをして、骸骨のようになっていきました。

そうして、体力もなくなり、もはや歩けないでいたところに、菩提樹の木に子宝を願いに来ていたスジャータという夫人の捧げもののおかゆをいただいて、ようやく気力が湧いてやっと座ることができました。そのとき、瞑想を行ったのです。

ここまで6年かかりました。瞑想にようやく出会うことができ、悟ることができたのです。

いま、あなたは、ディクシャという悟りのエネルギーの伝授、瞑想の秘法を授かり、深い瞑想を体験することができます。そして瞑想体質に生まれ変わります。静かにあなたの中に瞑想の種が植えられ、育まれていきます。表面的に表れなくても、変化は起きています。

変化がわからないのは、幸せなことでもあります。変化するエネルギーに振り回されていないということなのですから。

神聖なパワーを受けられる波動、シャクティパットによる聖なる音や光の波動は、あなたの中でずっと見えないところでバランスをとり、よい波動が成長していきます。

信じることでさらにパワーが注がれ、いいエネルギーが増大していきます。そうでないと、人間は常に悪いエネルギーの原因と結果の展開で、運命が悪いほうに成長をし続け、その流れを誰も遮断できないのです。悪いことが知らないうちに潜伏して何十年もかけて内側で成長しているということもあるのです。そのことは誰もわかりませんし、検査機器でも発見できません。

見えない深いところに存在する心身は、すべて内側で動いています。

ディクシャは魂の縁です。純粋なシッダーマスターの祝福により、カルマの流れを切って新しい、いい流れにスイッチを入れるのです。それは聖なる流れであり、進化の流れです。**あなたの人生をよりよいストーリーに書き換えていくのです。**

内側の浄化がすすむと、クオリティの高い波動が放たれるようになります

すべてのものは波動を発しています。人間も無意識のうちに、内なるクオリティのエネルギーを放出しています。瞑想で内側の浄化が進むと、純粋で意識の高い波動が放たれるようになります。それは高次元の存在につながった波動でもあります。その波動は、まわりを平和な空気で包み込み、あなたを光り輝く存在にしていきます。

カルマの性質が波動の質となって放出される

「波動」と聞いて、どんなことをイメージしますか。

よく耳にするオーラというものも、波動のひとつです。これはその時々の気分や感情、つまり心の働きが色の波動となって表れたものです。

ヒマラヤシッダー瞑想をすると、心が浄化されて平和な波動になります。それはデバイン（神聖な波動）で、瞑想をしていない心の波動のオーラとは違うものです。

たとえば「空気感」という言葉がありますが、これもその場の波動を表しているのではないでしょうか。そこにいる人たちの心の状態や感情などが波動となって入り混じり、場の雰囲気を明るくしたり、険悪にしたりするのです。

もうひとつ、人それぞれのカルマ（→１３２ページ）の性質が、そのまま**波動のクオリティ**となって放出されています。それは過去生や現世で積んだカルマの記憶によってつくられる、各自の個性やキャラクターと同じ質をもっています。

このように波動とは、誰もがもつ心と体のエネルギーのことです。

心は瞬間、瞬間に動き、それが感情となって表れます。あるときは平和な気持ち、あるときは恐れ、あるときは好きな気持ち、あるときは落ち込んでいるなど、同じ人物でもその時々に違う波動を出しています。

しかし、その人の本質の体質、気質の波動があります。それは通常変わらないものですが、それさえ変えていくのがヒマラヤシッダー瞑想なのです。

ヒマラヤシッダー瞑想で源の存在につながると、高次元のエネルギーが注がれることは前述しました。神聖なエネルギーで内側が浄められると、**波動の質が変容します。**段階を追った瞑想で肉体と心の質を変容させ、ストレスやカルマを浄化します。その結果、純粋でハイクオリティな波動が放たれるようになります。癒やしの波動、平和の波動、安心の波動となって、あなたのまわりの人々を包み込みます。そして、あなたは慈愛の人になっていくのです。

波動は同じクオリティの波動と引き寄せ合う

心の波動は同じ質のもの同士で引き合う、磁石のような性質をもっています。そして、同質のものを引き寄せます。

ですからよい波動を出せば、よい波動の人や物に出会います。高いレベルの愛の波動を放てば、高いレベルの愛が返ってきます。

たとえば「寂しい」という気持ちでは、依存的な愛のつながりになります。お互いに相手のエネルギーを奪い合うことになり、傷つけ合ったり束縛し合ったり、あるいは長く続かない関係になるのです。

つまり**ネガティブな波動をもっていると、ネガティブな現実を引き寄せてしまうのです。同じクオリティのエネルギーがリンクします。**

自分で完全によい波動を放つことはなかなかできませんし、それには何年にも及ぶ厳しい修行が何年も必要です。

よりよいエネルギーの恩恵を受けて運命を変えるのが、ヒマラヤシッダー瞑想をすることなのです。

つながることで、すぐさま悪い波動や邪悪なものは一切寄ってこなくなります。物事もよい方向へ進むようになります。

ヒマラヤシッダー瞑想で神とつながり、神を思えば、神の波動も引き寄せられます。

波動が変わることで人間関係が改善されるケースは、よく耳にします。その一例となる体験談を紹介します。

妻の幸せを祈ることで関係がよくなりました

以前は夫婦喧嘩が絶えませんでした。しかし、瞑想をするようになってからは「エゴをぶつけ合ってもお互いに苦しみでしかない」ことに気づいたのです。それからは多少の言い争いがあっても、相手を許し自分が負けることですぐに収束します。

ヨグマタジの教えにより、毎朝、妻の幸せを祈るようになりました。するとあるときから、不思議なほど妻の私に接する態度が和らいできました。

Ｋ・Ａ（男性　50代　会社経営）

これはご主人の波動が、瞑想を実践して変わったことで、奥様も自然と同じ波動を返すようになり、同質の波動が引き寄せ合ったのでしょう。もちろん奥様が変わることで夫婦関係も修復できるでしょう。

瞑想から生まれる純粋で上質なエネルギーは、宇宙的な愛の波動をつくります。

エゴは、なかなか自分から折れることができないのですが、瞑想をすることで意識が進化して考えが変わってきます。負けるが勝ちと、メンツとか世間の価値観にとらわれなくなります。

自分が正しいと思うこだわりもエゴのレベルであり、それほど大したことではないと、気づくのです。

内側が浄化されることで、取り込んだ執着や依存が落ちていきます

心は人の欲望を反映してさまざまなものを集め、取り込みます。それはやがて執着や依存となって心を重くし曇らせます。瞑想で根源につながり、音の波動や光の波動の修行法で心が浄化されると、こだわりや思い込みが消えクリアな心模様になります。揺るぎない信頼感から生まれる、安らかなエネルギーで内側が満たされます。

外側のものを「くっつける」ことから「手放す」

心はいつもせわしなく動き、いろいろなものを引き寄せ、ため込みます。「あれが欲しい「これをしたい」。ひとつ手に入れると、また次の欲しいモノ・コトを見つけようとします。それが心の習性です。

ため込んだものは、執着やこだわり、依存を生みます。人は所有するものに執着して生きているので、たとえそのものをいまは使っていなくても、手放すのが寂しかったり、惜しかったり、不安になったりします。

しかし、もともと**人には失うものなどありません**。死ぬときは何も持っていけないのです。これまで執着していたものは自分のものではなく、たまたま一緒にいただけです。

多くの人は自分の外側にあるものを、自分に「くっつける」ことに一生懸命です。しかし、一度味わったものは「手放していく」ほうがいいのです。手放すことが苦しくてできないと、それを抱えたまま死んでも苦しむだけです。

それを生前にどう手放していくかです。

前に部屋を片付けることが話題になりましたが、そうした人もまたいつしかものを集めてしまうようです。ですから、しっかり根本療法をしなくては改善されません。ヒマラヤの恩恵は、根本から執着をとり、源に還っていくことで直していきます。目に見える外側の豊かさではなく、深遠なる内側の豊かさを求めましょう。

「わかった」と腑に落ちると手放しやすくなる

執着を落とすには、「取り込む」ことと反対の行為をします。そうすることで、エネルギーが反対に働き、その執着がとれていくのです。

あれが欲しい、これが欲しいといってはいろいろ取り込んできたことを誰かとシェアする、あるいは捧げるのです。昔から、信仰深い人々は神に供物や供養を捧げてきました。そして自ら感謝や愛、布施を捧げ執着を手放してきたのです。

さらに、欲望の対象となるものは消耗するものであり、自分にエネルギーを与えるものではないのだと、真の姿を理解することが一番です。「これがわかった」「これもわかった」。本当の意味が何なのかすべてわかれば、思い入れがなくなっていきます。それは欲望を満たすこととイコールです。

たとえば、恋愛でも同じでしょう。最初は相手に対して興味がいっぱいですが、お付き合いをしてある程度わかってくると、飽きてしまうこともあります。

店のショーケース越しにみるスイーツも「おいしそう！　どうしても食べたい」と思い、眺めているうちは執着です。しかし、いざ食べて想像と違えば、「こういうものか」と欲望が消えていきます。しかし、甘いものへの深い執着はあり、時が経ってみるとまた欲しくなります。

すべてが根本からわかれば執着や思い込み、先入観などが消えていきます。つまり、「味わって手放す」ことができます。これはこういうものであると、心が理解すると手放せるのです。心が「これは自分の肉体に必要なものではない」と理解するのです。

実際、心がけだけでは、「手放す」ことは難しいものですが、源の存在につながると、内側が満ちてきて、意識が進化すると自然と執着や依存が落ちていきます。

それはこれまであなたを支えてきた、まわりのものや人、思いといったものが、さらに上質で価値あるものに置き換えられるからです。

少し失礼な言い方ですが、内側の変容が起きてこれまで大切にし執着していたものが、自分のエゴの思い込みだと気づきガラクタに見えるのです。

さらに、これまでの「集めて守る」という気持ちが消えて、「**手放して与える**」心に変わります。自分が、自分がというエゴから、慈愛と感謝にあふれた心持ちに切り替わるのです。

すると「いまにいる（無心になる）だけで、すべてが満たされている」。そんな思いがあなたの奥底から、泉のように湧き出してくるようになります。内側から湧き上がるエネルギーで、執着になる生き方ではなく捧げる生き方が自然にできているのです。心と体を使う生き方が、カルマを積まずカルマを解放する生き方をするのです。

瞑想が起きることで内側が満たされていく感覚は、多くの方が体験します。「源の存在に守られている」「根源とのつながりがやさしい気持ちにさせる」など、人によって感じ方に違いはありますが、シッダーマスターの祝福で高次元のエネルギーにつながったことで、変容が生じるのです。次にその一例をご紹介します。

あるがままを受け入れています

ヨグマタジのもとで瞑想をはじめてから、思考を働かせなくても、世間の価値観に従わなくても、神とシッダーマスターにつながり、そこにおまかせすることで、すべてが上手くいくことに気づきました。

焦らなくても、心配しなくても、頑張らなくてもいいのだなと、あるがままを受け入れています。「これでいいんだ」という満ち足りた気持ちに包まれています。

それからはエネルギーの無駄な消耗がなくなり、その分、まわりの幸せを考えられるようになってきました。

N・H（女性　20代　会社員）

単に高次元につながってよくなったと表現していますが、わかりやすい例でいうと、何十年もある宗教に入信していた方が、それなりに満足はしていたのですが、悟りに興味をもち、私のところにいらっしゃいました。その後の1年間で何十年も信仰していた以上の変化があり、ただすごいと実感したそうです。

シッダーマスターにつながることで祝福をいただいて、内側の変容は起きるのです。

それは自然に起きるので、当たり前に思えるのです。もしもこの道に出会わなかったら、カルマに翻弄され、さらに苦しみが増すのですが、そのことも想像できないくらいナチュラルなのです。何かすごいことを一生懸命やったわけではなく、あまりにも自然に起きるので、その尊さをすごいことという理解が及ばないくらいなのです。

大切なものは外側ではなく、自分の内側にあります

ヨグマタジとつながり瞑想をはじめてから、悩みもなくなり安心して生きていけるようになりました。

以前の私はものすごく心配性で、神経質で、感情的な面をもっていたのですが、いつの間にか穏やかで、大らかな人に変容していることに気づきました。

内側から満たされているので、外見や世間体が、それほど気にならなくなりました。

大切なことは外側でなく、内側にあることに気づくことができたからです。

N・M（女性　50代　会社員）

この方は、サマディパワーの祝福で内側が目覚め、その回路が発達して源からのエ

ネルギーに満たされています。心身が浄化され、心の思いにつながることなく、いまにいることに喜びを感じ、満足しているのです。

内側が満ちてくると、どっしりとして**自分の中心が安定する感覚になります。核のような存在があることで重心が定まります。**心にすぐにつながらず、行動や思考にゆとりも生まれます。

まわりの人にやさしくできたり、人の喜ぶことを積極的にするようになったり、上質な人へと変わっていきます。

また、あれこれと心を使わず、目の前のことを自然に行うことで、ベストな選択をしながら生きていけるようになるのです。

内側が満たされると、心の癖に気づき、正しい選択をしていくことができます

カルマによって生じる「心の癖」は、過去生の体験からの思いが表れたもの。その人の個性やキャラクター、性格にも通じるものです。

本来は消えないものですが、ヒマラヤシッダー瞑想によって偏りのない心へと純化されると、すべてを平等に、愛をもってありのままに見られるようになります。

誰もがもっている心の癖

人は誰でも心の癖と体の癖をもっています。その癖はこだわりのことで、それが高じると心のバランスを崩して、ときに災いになります。

こうした心の癖は、本人にはわからないものです。自覚している人でも直すことはできません。人から指摘されて気づく人もいますが、直りません。また人から言われると気分はよくないでしょう。

瞑想をすることで、こうした癖に気づき正しい選択をしていくことができます。

会員の方からこんな体験談が届きました。

イライラの癖がなくなった

私自身はまったく意識していませんでしたが、息子から「お母さんはヨグマタジに出会ってから　怒らなくなった」と言われました。「僕の小さいときのお母さんはいつも怒っていた。いまのお母さんが一番いい」と言われたときはドキッとしました。いつ

もイライラしたり、怒ったりして、悪いものを引き寄せていたと思うとゾッとします。

N・M（女性　50代　会社員）

こうした苛立ちは心の癖といえるでしょう。思い込みが強く、自分の価値観があり、そうでないものを受け入れられないことが原因です。その結果、まわりにあたってしまうのです。

子どもに指摘されたように、常に自分はそれによってバランスをとっていたのですが、源の力が働きストレスがなくなることで、怒らなくて済むようになったのだと思います。内側から癖であるこだわりが溶けると、**エネルギーの滞りがなくなり、「いまにいて」平和な心になる**のです。

過去生で蓄積された体験や記憶が心の癖となって表れる

心の癖はさまざまです。神経質だったり、人目を気にする性格であったり、正義感が強すぎたり、わがままであったり、人見知りだったり、潔癖症だったり、その人の性格を表すような癖があります。

髪の毛をいじる、体のどこかを触る、あるいは爪を噛んだり、貧乏ゆすりをしたりする、このような仕草の癖も、心のバランスをとるために表れる体の動きの癖です。また、特定のものに対する嗜好、それはコレクションだったり、食べものの好みであったり、これらに執着するのも心の癖のひとつです。

私たちはこうした行いをすることで、**エネルギーを解放していることになります。**抜け道をつくって、心がバランスをとっているのです。

心の癖を呼び起こす原因は、カルマにあります。詳しくは後述しますが、私たちの魂には、過去生での体験や記憶が膨大なデータ（カルマ）となってしまわれています。その蓄積されたデータが、目の前で起きている現象に反応して心の癖として表れるのです。

「本当か、嘘か」「安全か、危険か」「好きか、嫌いか」など、データに照合して瞬時に判断を下します。これが人の価値観などを形づくり、個人の好みや個性にもなっています。そしてバランスをとっています。

思考の偏りがフラットになる

やっかいな心の癖から離れるには、カルマを浄めます。カルマを浄めること、心を浄化することで癖が溶かされ、無駄なエネルギーの消耗がなくなります。

ヒマラヤシッダー瞑想は内側から浄化して、心と体のとらわれを溶かし、平和なエネルギーにしてバランスをとります。いつしかバランスがとれて癖が改善され、強烈な個性が直っていくのです。

また、私たちはつい偏ったものの見方をしがちです。

いつも心（マインド）を使っているので、エゴの塊になり、驕りの人になって、理解が偏り、自己防衛で凝り固まった考えをするのです。正しい判断ができません。

自分の価値観にとらわれたり、ある一部分しか見えない人になっています。

自分の体験からしか判断できない人、その逆で、人から聞いたことだけで判断を下す人もいます。いずれにせよ、心が狭くなり、物事や相手を偏った見方をするようになるのです。

このように偏った言動は、常に誤解や行き違いも生じやすく、そこに摩擦や争いが起きて、相手を傷つけ、自分も傷ついて平和な心でいられません。

ところがヒマラヤシッダー瞑想によって、本質とつながり秘法による浄化を行うと、調和のとれた心になります。それは「大自然のバランス感覚」です。純粋なエネルギーが偏りから調和へと導きます。

すると、人やものの見方が一変します。「本当か、嘘か」あるいは「好きか嫌いか」というジャッジではなく、あるがままに目の前で起きていることを受け入れるようになります。さらに、偏ったものの見方をせず、常にニュートラルな視点をもてます。中庸の立ち位置に自分を置いて、対象を見られるようになるのです。すべてを俯《ふ》瞰《かん》できるようになり、全体が見渡せるようになるのです。

このような意識のもち方になっていくと、自ずといろいろな癖が薄まりバランスのとれた人になっていくのです。

浄化がすすむと心が空っぽになります。源の存在を引き出しやすくします

瞑想で心を空っぽにすることは、汚れた心をきれいにして、高次元の存在と絆を深めることでもあります。ヒマラヤの恵みをストレスフリーでいただく、神聖な回線の開通準備のようなものです。

そして信頼をしてその浄化がすすむほど、とらわれのない、自由でフットワークの軽い心になっていきます。

瞑想とは心を空っぽにすること

瞑想は、平和で純粋な心を創造していくことです。

人の内側のシステムをサンスクリット語で「アンタカラニ」といいます。そこには感覚があり、心があり、仏性（真理を理解する力）があり、エゴがあり、さらに意識があり、セルフがあります。そして人の内側では記憶、思い、感情などが入り交じり、混沌とした状態といえます。どんよりとした曇り空のように、私たちの奥底にある尊い魂を覆い尽くしています。

そのために私たちは、本来誰もがもっている神性を発揮できず、表面を覆っている心を自分と思い、それにつながり、その働きに振り回されて生きています。

しかし、ヒマラヤシッダー瞑想はその心を浄化します。心を浄化して、心が空っぽになっていくと、奥にあるすべてを生かしている神の力を引き出し、楽に生きていくことができるのです。

ヒマラヤシッダー瞑想は、音の神聖で微細な波動をつくり出すことで心を浄めます。

詳細は第6章に譲りますが、それはマスターから伝授されるヒマラヤの秘法瞑想です。心を浄める最高の方法は、シッダーマスターから恩寵をいただくことです。そのほかにも、音の波動や光の波動による浄化、理解することでの浄化や気づきからの浄化などを行うことで、次第に心を空っぽにしていきます。

そして、瞑想によって高次元のエネルギーにつながると、せわしなく動き回る心を鎮めることができます。心が浄化され、静かになることで、心の整理整頓がはじまります。自然と最適な調和がはかられ、心が「いまにいる」状態にセットされるのです。

心が空っぽになると自由な発想ができる

瞑想で心を空っぽにすると、とらわれがなくなります。

固定観念や先入観もなくなるので、発想が自由になるのです。

私たちはよく「自分にはこれしかできない」「ここまでしかできない」といった限界をつくりがちです。

さらに「ねばならない」「こうであるべき」といった決めつけ、押しつけで息苦しくなることがあります。

ヒマラヤシッダー瞑想によって心の純化がすすむと、そうした思い込みや、心のブロックも取り払われていきます。

自由で風通しのよい心をもった人でいられます。自分の思ったこと、人が喜ぶことが何でもできるようになります。

瞑想でわかること

○ 瞑想をしていくと、心の癖に気づきます。

○ 気づいたら、ただ観察して手放していきます。魂の目で見られます。

○ 手放していくと、これまで執着していたものが落ちていきます。
欲しいと思って取り込んでいたものをシェアしてみます。

○ 内側の浄化が進むと、
純粋で意識の高い波動が放たれるようになります。

○ さらに浄化がすすみ、内側が満たされていくと
「源の存在」を引き出しやすくなります。

Transform with meditation.

第4章

瞑想が変えていくもの

センターが開くと、「生命エネルギー」が引き出され、力があふれ出てきます

源の至高なる存在からの恵みには、全知全能の力があります。祈りと信仰は源の存在の力につながり、向かい、引き出す力となります。瞑想の秘法の伝授を受けて実践し、心を覆う曇りをとって生命力を引き出していきます。

健康で若い細胞に再生され、生命力が満ちて精神も躍動します。さらに才能や潜在能力が目覚めていきます。

5つの生命エネルギーを引き出す

ヒマラヤシッダー瞑想は、生命エネルギーを活性化させます。この生命エネルギーとは源の存在、つまり神からの基本エネルギーです。「気」ともいわれ、私たちに命を与えているエネルギーでもあります。

ストレスにさらされたり、心に迷いが生じたりすると疲れを感じます。それは、生命エネルギーを消耗するからです。

私たちは5つの生命エネルギーによって生かされています。それはプラーナと呼ばれるものであり、日本語では気です。体のどの部分の気がどう働くかで、それぞれ名前がつけられています。

胸の部分にあるのが「**プラーナ気**」で、酸素や栄養を体内に取り込む働きをして、空気を吸い込む力になります。みぞおちあたりにある生命エネルギーを「**サマーナ気**」といい、取り込んだ酸素を燃やし、エネルギーにします。おなかから下にある生命エネルギーを「**アパーナ気**」といい、栄養を吸収した後の不要物の排泄に関わります。頭の部分に働くのが「**ウダーナ気**」で、気を上にあげる働きをします。

そして、体のまわりにある気を「**ヴィヤーナ気**」といって、全身に気を回す働きを担います。

生命エネルギーが働いているということは、神の力が、私たちの中に息づいていることです。しかし、多くの人は自己防衛のエゴによって偏った体の使い方、心の使い方をするので、バランスが崩れているのです。

ヒマラヤ秘教のワークや瞑想は、心のバランスが崩れていれば心を直し、体のバランスが崩れていれば体を直す、こうしたアプローチも行います。さらに浄めてバランスをとっていき、全体の気を浄めて超え、源に入っていくのです。

シッダーマスターはこうした見えないエネルギーを発見し、これを熟知しているためコントロールできるのです。「アメグラハクリヤ」というエネルギーの秘法では、これらの気を浄化し、活性化して、働きの過不足を整えます。

さらに心身の不調和を取り除き、生命エネルギーがバランスよく働くことで引き出されるようにしていきます。

エネルギーが引き出されたら波動を広げる

ヒマラヤシッダー瞑想は、より美しい人生と、人生の成功を得ていきながら、同時に自己の悟りを目指します。

シッダーマスターの守りをいただき、それを愛し信じることで、生命エネルギーが引き出されます。そして、**心身を浄める波動**を広げて瞑想をしていくと、神からの生命力が満ちてくるのです。

さらに深いところから体の歪みが改善され、健康の増進や細胞の若返りがはかられます。若々しく、活動的な日常が送れるようになります。免疫力や自然治癒力も高まり、まだ発症に至っていない病気も、いつしか消えてしまいます。

瞑想によって、体の変化が起きた事例が私のもとにも寄せられています。

いろいろな体の不調が改善されました

瞑想をはじめてから、さまざまな変化がありましたが、体の変化がとくに顕著です。以前は一日働くと頭痛や吐き気に襲われ、睡眠も9時間必要なほど虚弱でした。それがいまでは6時間寝れば十分、肉体労働をしない日なら3、4時間でも大丈夫です。体の歪みや不調も次々と改善されています。

H・Y（女性　50代　保育士）

アトピーの悩みが消えました

私は中学生のころからアトピーに悩んでいました。肌が露出する顔や首、腕は炎症が起きやすく、見た目を気にする年ごろでもあり、それは自分の人生を歪める原因でした。ヒマラヤ瞑想をはじめて、浄化や生命エネルギーのおかげでしょうか、いまでは見た目にもほとんどわかりません。「顔がつるつるですね」と言われるほどになりました。

T・Y（男性　40代　会社員）

高次元のエネルギー、生命力は心を超えたところにあり、病気や体調不良といったアンバランスな状態をすみやかに正してくれます。

生命力の恩恵は、心も癒やします。よけいなことを考えて疲れることも、取り越し苦労もなくなります。自他の区別がなくなり、人との関係に信頼をもたらし、疑う心や恐れも消えるのです。ストレスもたまりません。そして何より、心が喜びと愛で満たされるようになります。

知らない自分が目覚め、潜在能力が引き出される

源のパワーを生命エネルギーとしていただくと、無限の力によって、さまざまな能力が目覚め表れてきます。それは本人も知らない、体の奥に眠る才能です。

体内を巡るエネルギーには、**チャクラ**と呼ばれるセンター（基地のようなもの）があります。ここにはカルマが蓄積されています。

秘法瞑想の修行でカルマが浄められると生命エネルギーの働きが高まり、センターが開いていき、さまざまな能力や才能が開花するのです。

この後のテーマでも詳しく紹介しますが、直感が冴えてくる人もいます。さらに、心の歪みが消え、知恵が湧き出します。やる気や集中力も高まります。精神統一する能力も長《た》けてくるので、必要なことだけが頭に浮かび、効率よく行動できます。また、物事への対応能力が上がり、決断力がつきます。

「直感力や集中力が高まった」という声はよく聞かれます。次の二人も、そんな体験をなさった方です。

集中力が増し、焦らないようになりました

ヨグマタジより瞑想のご指導を受けてから、集中力が大きく向上しました。おかげで掃除や料理などもスムーズになり、物事の判断をするときも以前のような迷いが生じません。その分、変な焦りも感じません。また、睡眠が短時間でも平気になり、体調も以前よりよくなりました。

I・S（女性　50代　会社員）

知識やスキルがアップした

自分のエゴが小さくなって、自分の知識・スキルを他人に捧げたいと思えるようになったおかげで人間関係がすこぶるよくなり、数多くの重要プロジェクトに関与させていただいています。まわりの人たちから、さまざまな相談を受けることで、自分の知識・スキルがさらに高くなり、自分も成長させていただいているという実感が湧き、充実した毎日を過ごしています。

K・K（男性　50代　会社員）

ヒマラヤシッダー瞑想で、中心に向かうパワーを得て心の曇りがとれると、とらわれがなくなってきます。それまでの「こうしなければ」といった思い込みが自然に外れるのです。するとこだわらずに思ったことが実現します。集中力も高まり、無意識のうちにとらわれていた習慣や価値観が変わり、楽にスムーズに生きられるのです。

食事の仕方、仕事の段取り、買い物などに満足できたり、あまり寝なくても平気になったという人もいます。先入観や思い込みから解放され、自由で闊達な人として生きていけます。

心が空っぽになり、自由になるほど、直感やひらめきが湧いてきます

心が自由になるほど、直感は目覚めます。心を空っぽにしましょう。心を浄めて純粋になりましょう。内側の整理整頓が進んでサットバ（純粋な性質）のエネルギーの軽やかな人になっていけば、心の奥深いところから、最良の選択がひらめきとなって届きます。そこには見えない存在からの愛と知恵が込められています。

心のとらわれや記憶を捨てると、直感が目覚める

瞑想によってもたらされる生命エネルギーが、体内のエネルギーのセンターを開くことで、直感力や理解力、発想力や創造力などが研ぎ澄まされます。

また、瞑想で神と高次元の存在につながると偏った思いにとらわれなくなり、集中力や精神統一力が高まることで、直感が冴えてきます。

瞑想と直感は、密接な関係にあります。

私たちは人やものを見て、リアクションをします。そこからさまざまな思いが展開します。それは過去の体験や記憶、その人の価値観を反映したものになりがちです。そのような騒々しい思いにとらわれた状態では、直感というものは働きません。

もしインスピレーションを感じたとしても、それは心の思い込みの範囲での直感、その人の価値観の延長線上のひらめきでしかないでしょう。**直感やひらめきを引き出すには、いろいろなとらわれ、思考、記憶などを捨てたほうがいいのです。**そういったものを離れて、心を空っぽにし、純粋にしていくと、さらに深いところからの知恵

が湧いてきます。それは心の直感ではなく、もっと深いところからのもの。偉大な見えない力から送られてくる直感です。

尊い存在のもつ知恵を、いつでも引き出せることが理想なのです。

しかし、心を「空っぽにする、純粋にする」といっても、過去生と今生《こんじょう》のカルマや思いが体や心に染みついてなかなか離れません。それは、人は心と感覚を使って発達してきているので、いろいろな体験の記憶が内面に蓄積しているからです。それが価値観や好悪、先入観などをつくり、人を翻弄しています。

本来、こうした内面のカルマは浄めることはできません。運命として受け入れ、その悲喜こもごもの人生を受け入れて生きていくしか方法がなかったのです。しかし、内側から浄化して生まれ変われるチャンスを、いまここに紹介しています。その教えは、心に振り回されず手放して「**心を超えたところで生きる**」ということです。

シッダーマスターからの知恵と秘法をいただき内側を浄めて変容すると、静寂の世界を次第につくれるようになります。静寂は、心も空っぽになって動かない状態です。そのとき執着が外れて「心を超えていく」ことができるのです。このように心身の掃除をしながら、同時に尊い高次元の存在からの祝福と純粋なものに意識を向け高めていきます。心身をリセットでき、最高の直感力が目覚めるのです。

「直感＋論理力」で、理屈と自由な発想を融合させる

瞑想で、湧き上がる直感力を生かす方法があります。それは「直感力と論理力の組み合わせ」です。とくにビジネスの世界では、発想の豊かさは大きな武器になります。リサーチして情報を集め、データを分析することの大切さは、恐らくどの会社も大きな違いはないと思います。

しかし、そのデータをどう利用するか、プロジェクトの目的とどのようにマッチングさせるかとなると、そこには発想の豊かさや常に新しい視点が求められます。その発想の柔軟性こそが直感力の領域です。しっかりとした論理で強固な土台を築くことに加え、そこにいままでにはないアレンジを加えたり、まるで違うアプローチを工夫することは、ある種の直感やひらめきに頼るところがあるでしょう。

しかし、ただ直感に頼るだけでは、それが適正なものかどうか判断ができません。データや情報を元にした理屈がベースにあって、はじめて直感が生かされるわけです。

さらに、その発想が現実離れしていないか、ブレーキをかけながら進む必要もあります。現実に即しながらも、より自由性のある、フレキシブルな直感が理想的です。

とくに男性は、論理的な思考に偏りがちです。それはそれでいい面もあるのですが、理屈で物事を考えると自分の価値観にとらわれ、自由な発想ができません。

論理性に直感を加えることで、もっと素晴らしい成果を得ることができるのではないでしょうか。

普段から直感を磨くことのできる心のもち方にはコツがあります。瞑想と併せて行えば、叡智の力をいただきそこから発想や直感力が生まれるでしょう。

①とらわれない素直な目で人や物、事象を見ると、何かを行動するとき直感が働いたり、対象との間の「心の会話」からヒントを得て、そのよさを十分に引き出せることがあります。しかし、本当は何らかのとらわれによって見ているので、知らずにジャッジしているということがあります。やはり瞑想をするとよいのです。

②まわりの目を気にしたり、嫌々ながら仕事をしたり、人にほめられることばかり考えたりというような**雑念や邪念は直感を鈍らせます**。自分のするべきことに集中し、内側を見つめて「いまにいれば」、おのずとひらめきが生まれます。いまにいる

とは、無心になることです。その心がけとともに瞑想をするのがよいのです。

③感謝して相手が喜ぶ言動をとっていれば、直感が働くようになります。さらに、**自分に愛をもてば、外からも愛が入ってきます。**瞑想を行い、自分の幸せと相手の幸せを願うのです。

④人体は小さな宇宙です。**宇宙の質を上げていくと、いいものを引き寄せます。**内側を浄め、体にたまったゴミを出し、風通しをよくしましょう。

⑤人は誰もが何かに対して否定的なものをもっています。自己を守ろうとする働きで、無意識に外側を敵と思い警戒しているのです。また、過去生で自己防衛のために何か悪いことが起きたかもしれません。否定的な思いが強いとそのカルマを引きずり、今生でも否定的な考えや行動の連鎖が続きやすいのです。そうすると同質の悪い現象を引き寄せます。

誰もが心の働きに翻弄されて、直感も働かない状態になっています。直感を働かせるには、カルマを浄めるのがよいのです。

カルマは何生もの体験と記憶が詰まった個人データです

カルマは仏教用語で「業《ごう》」といわれるものです。カルマというとおどろおどろしく聞こえるかもしれませんが、それは誰もが過去生、今生において考え行動した体験の記憶が心身に刻まれたものです。それらが各個人の色合いとなり、キャラクターを形成しています。その記憶は欲望や動機となり、その人の未来の行為を決めています。

行いのすべてがカルマとなり、心と宇宙に記憶される

カルマとは、恐ろしいものではなくあなたの性質なのです。

カルマとは「**人の行うすべての行為とその結果**」のことです。体の行為、心の行為、さらに言葉もカルマとなります。

そして、すべてのカルマは心と宇宙空間に波動（エネルギー）となって蓄積されます。この記憶された波動もカルマです。つまり「行為とその記憶（結果）」を合わせてカルマと呼ぶのです。

現在、私たちが行っていることは、逐一、カルマとなってため込まれていきます。そこには、過去生での行いや記憶もすべて蓄積されているのです。

この膨大な個人データは、性格やキャラクターの形成にも影響を与えます。また、運命や宿命を決定づける役割も果たします。

本来、カルマは変えられないものですが、ヒマラヤの秘法瞑想と源の力を借りれば、カルマを浄めることで運命や宿命をも超えることができます。

「原因があるから結果がある」法則

私たちの言動が、すべてカルマになることは前述しました。そして、そこにはある一定の法則があります。

それは**「原因があるから結果がある」**ということです。

カルマは同じ種類、同じクオリティのものを引き寄せる性質があります。つまり、よい行いをすればよい結果を招き、悪いことをすれば悪いものが表れるのです。行為はカルマの種をまくことになり、必ずその種のクオリティの実を結ぶのです。

やっかいなのは、その結果がすぐに出る場合もありますし、何生も後に芽生えることもあるということです。それは誰にもわかりません。

「どうしてこんなことに……」という理不尽でつらいできごとが、じつは過去生のカルマが返ってきた結果だった、ということはよくあります。

それは災難や不幸ばかりではありません。突然に運が開けたり、思いもよらない幸運が舞い込んだりすることも、あなたが過去にその種をまいた結果なのです。

過去、現在、未来。カルマには3つの状況がある

カルマは、時系列によって3つの種類に分けられます。

今生（現世）と過去生の記憶のエネルギーを「**サンスカーラ**」といいます。いまは眠っていますが、いつ目覚めるかわからないカルマです。

現在、いまこのときに起きているカルマは「**ボガ**」です。私たちが食事をしたり、趣味を楽しんだりなど、ごく普通の日常の行為すべてを指します。

「**プララブダ**」は、未来に起きるカルマです。本人の気づかない心の奥深くで進行中のもので、すでにカルマの矢が射られたカルマといえます。今生だけではなく、未来や来世に起きる可能性を秘めた、勢いのあるカルマです。

私たちが今生に残した強い思いや欲望、たとえば異性への憧れ、無念な感情、物への執着、人への恨みなど、それらはカルマとなって「サンスカーラ」をつくり、場合によっては「プララブダ」となって未来へと埋め込まれます。

そしてそれは、必ず実を結ぶのです。

人はカルマの願いで何度も生まれ変わる

人は何度も生まれ変わります。

カルマが過去生、今生、未来とつながっているのがその表れです。前項で、今生に残した強い思いがカルマになることを紹介しましたが、それは来世、未来へと持ち越されます。そうやってカルマをかなえるために、カルマの願いで人はまた生まれてくるのです。こうした生死の繰り返しを「輪《りん》廻《ね》転《てん》生《しょう》」といいます。

それはカルマ（願い）が成就するまで、または、神とつながって真理を知るまで続きます。何百年といった単位ではなく、数億年という気の遠くなるような時空の中で展開していくのです。

人は過去のいろいろな命を体験しています。見えない体、エネルギー体、肉体、やがて人間となるまでに、いろいろなライフの体験があったのです。その時々、カルマが欲する体を選び、意識を進化させて人間に生まれ変わってきました。

そうした自己実現の旅をする根底には、真の成長を望む**魂の願い**があります。

カルマがつくる性質やキャラクター

心の中に記憶された計り知れない何生もの体験は、私たちの性格やキャラクター、運命などにも影響を及ぼしています

大きな感動や喜びの記憶は「もう一度、味わいたい」という欲望や執着となってカルマに刻まれるでしょう。逆に、大失態を演じた経験からは、同じ過ちをしないような行動や考え方を学ぶでしょう。

こうしてさまざまな記憶を積み重ねていくうちに、好き嫌いの好みや、独自の価値観、思考や感情の癖といったものができあがっていきます。それが性格やキャラクターとなって受け継がれ、その人を形づくるのです。そしてさまざまな欲望や執着を実現しようとするとき、つくり上げてきた性格に合った考え方をしたり、キャラクターが好むものを選択したりします。それがその人の運命を決定づけることにもなり、来世や未来へのカルマとなっていくのです。

蓄積された カルマを浄化して、 運命を超えていきます

長い年月の間に蓄積された雑多なカルマで、心は曇りに覆われている状態です。ヒマラヤの瞑想や秘法は、この心の曇りをクリアにし、カルマを浄化してくれます。ヒマラヤからのパワフルなエネルギーは、抗えないはずの運命をも超えていく力をもっています。

膨大なカルマを溶かして浄化する

ここまで、カルマが私たちの性格やキャラクターをつくり、運命にまでも影響力を及ぼすことを紹介してきました。

膨大なカルマが蓄積されている心は、記憶や体験、思いなどがひしめき、いつも混沌としています。そのため、心の中はすっかり曇ってしまい、その内側にある純粋な魂を覆い隠してしまっています。

ヒマラヤの恩恵はそんなカルマを浄め、曇りをクリアにして、魂の神性を蘇らせます。神につながって瞑想を行うことで、膨大なカルマをどんどん浄めます。それは過去生や今生だけではなく、未来のカルマも変える力をもっています。

カルマを浄めるとは、ヒマラヤの恩恵がもたらしたさまざまな秘法で、過去生からのカルマをすべて取り除いていきます。それは、溶かしてしまうということでもあります。

人によって用いる秘法を変えながら、また、段階を追ってカルマをすっかり掃除し、新しい人へとリセットするのです。

カルマから解放され、自由で平和な人になる

カルマを浄める秘法瞑想はいろいろありますが、ここでは頭、胸、腹部にあるチャクラ（↓213ページ）に関わる行為を通して、カルマを浄化する方法をご紹介します。といってもこれは秘法ですので、そのエッセンスだけを簡略にご説明します。

それは「知恵の道」「愛の道」「生命エネルギーの道」からアプローチします。

「知恵の道」は頭にあるチャクラが対応し、知恵と気づきによって、カルマのエネルギーから解放していきます。

「愛の道」は、愛を育むことでカルマを浄めます。高次元のエネルギーとひとつになり、カルマの分子を分解して溶かします。これは、胸にあるハートのチャクラが対応します。

「生命エネルギーの道」は、腹部にある火のチャクラに関わります。燃える火が固体のカルマを気体に変えます。体に染みついたカルマの分子を燃やし、高い波動に変容

させていきます。

これ以上紹介できないのが心苦しいのですが、何となくイメージできたでしょうか。

こうしてカルマが浄化されて、新しく生まれ変わります。カルマを超えることができると、今生においての苦しみ、悩みが未来へつながることはありません。

カルマを浄めるには、瞑想の実践と併せて、自分の思いや行為を正しくしていくことも大切です。これから先、悪いカルマの種をまかないためです。そのためには、自分もまわりも幸せになるような、バランスのとれた行為を心がけましょう。相手が喜べば、感謝が返ってきます。相手の喜ぶ姿を見れば、自分自身も癒やされ、満足し、幸せな気持ちになれます。さらには、進化すると見返りを期待しないことが当たり前になり、常に感謝し、人のために捧げる生き方をし、よい行為を捧げていきます。

つまり、気づきをもって、無償の愛を捧げていきます。

こうした行いを続けていけば、カルマがより浄化されていきます。

瞑想がもたらす変化

瞑想でセンターが開かれると、体が若い細胞に再生され、
生命力があふれてきます。

これまで知らない自分が目覚め、潜在能力が引き出されます。
直感やひらめきも湧いてきます。

これまで生きてきた何生もの体験と記憶が詰まった
カルマが浄化されます。

カルマから解放されると、自由で平和になり、
運命を超えられます。

Get ready for meditation.

第5章

瞑想を起こす

Get ready for meditation.

いま目の前で起きたことを、受け入れてみます

ヒマラヤシッダー瞑想は、凝り固まった心の癖を自然に溶かして、とらわれのない自由な心へとシフトします。コンプレックスや心の傷を外して、気づきを深め、生命力を増して慈愛の心へと昇華します。

この章では瞑想をはじめる前の段階で、実践すべきこと、学ぶべきこと、意識すべきことを紹介します。

波立つ心を鎮める

誰も「真理」を知りません。真理を知らないことを「無知」といいます。自分の本当の姿を知らず、あたかも暗闇の中を、目を覆った状態で歩いているかのようです。自分の本当の姿、真の自己さえも知りません。どんなお金持ちの人も、学問があって優秀な人も「真の自己、真我」には出会っていないのです。ただ自分のまわりの知識を知っているにすぎません。

本来の人生は「真の自己」を発見して、実際に体験するためにあります。それを**セルフリアライゼーションといいます。**

瞑想を実践して心がクリアになると、心身が純粋になって軽やかになり、何にでも気づいてわかるのです。そしていままでかりそめの世界、重い暗闇に住んでいたことがわかります。不平不満ばかりで自信がない自分に気づきます。自分のやり方だけに価値観をおいてこだわっていることや、どうしたらいいのか、理解の乏しかった自分に気づくのです。

これからもっと広い心でいるためには、自分の心に気づいてそれをよい方向に使っていく、いままでの自分を縛っていた思い込みや執着を外すことが必要です。そのためには、ヒマラヤ秘教のヒマラヤシッダー瞑想で、波立つ心を鎮めるといいのです。そうすれば、純粋な心から人を見て、人の気持ちや立場もわかります。そして相手を尊重でき、あるいは相手のあるがままを受け入れ平和な心になります。

私は、瞑想をすべての方に実践していただきたいのです。成長したい人、もっと成功したい人、何も悩みがないという人、揺れる心に翻弄され苦しんでいる人にも、瞑想の扉を開いていただきたいのです。

否定的な思いは、発想の転換で消えていく

すぐにイライラする人がいます。「オーダーした料理がなかなかこない」「自分ばかり嫌な役割をさせられる」「渋滞で約束の時間に遅れそう」。原因はいろいろなのでしょうが、自分の思いがかなわないとか、まわりの人や物事が思いどおりにならないとイライラするわけです。それは、自分の価値観に縛られている証拠です。

たとえば、電車が遅れたことにイライラしたとします。そんなときも、待つということを「平和な心でいる時間をいただいている」と受け止めてみます。この時間は無駄ではなく、ありがたく有効な時間なのだ、と頭を切り替えればいいのです。発想の転換をしましょう。

うまくいかないこともたくさんあるでしょう。**なかなか思いどおりにはいかないのは、その結果としての巡り合わせなのです。**誰かを責めるわけにはいきません。自分も人をイライラさせることがあるかもしれません。

目の前で起きることはすべて受け入れて「学びをいただいている」と謙虚になれば、腹も立たないでしょう。

ヒマラヤシッダー瞑想を続けていると心の癖が消えるので、イライラする前に、切り替えることができます。価値観に縛られない、自由な心でいられます。

自分の心に気づくこと

「自分に自信がもてない」という人がいます。誰かに何か注意されたことをいつまでも気にしたり、また他人と比較して自分が劣っていると不安になったりと、否定的な体験ばかりをよく覚えている人に多いようです。「駄目だ、駄目だ」と否定的な受け取り方をすると、人間はますます駄目になってしまいます。これは、自ら悪い暗示をかけているようなものです。

　そうした自分の心に気づいていきます。そうして、たとえ自分に落ち度があったとしても、それも「学ばせていただいている」と感謝し、反省して次へ目を向ければいいのです。「できた、できない」という価値基準にとらわれすぎるのはやめましょう。あなたには目の前で起きることに一喜一憂せず、すべてを学びとして受け取る姿勢で生きていただきたいのです。心の奥に自分を支えてくれる存在があり、そこにつながって自分を信じる、という信念で生きていただきたいのです。

　ヒマラヤシッダー瞑想は、コンプレックスや心の痛手を外してくれます。源の存在に感謝してつながれば、気持ちが楽になってくると思います。そして瞑想をすすめ、心を浄めて超えていくのです。

　自分を責めすぎたり、気を遣いすぎたりしないように、その心を浄化して無心にしていきます。深い瞑想を行い、カルマを焼いていくのです。

ある方から、瞑想によって心の大きな痛手を乗り越えたという報告がありました。

大きな大きな荷物を下ろしたようです

夫をガンで亡くしてから「もっと早く気づいていたら」「あのとき、ああしておけば」、本当にきりがないくらいの「たられば」の中で苦しんでいました。スピリチュアルもどきのいろいろなところを回り、心がさらに苦しくなっていきました。そんななかでヨグマタに出会い、ヒマラヤシッダー瞑想を拝受して続けたことで、貴重な気づきをいただけました。

「人には運命というものがある」「私はできる限りの愛情とパワーを夫に与えてあげられた」「短命ではあったけど、夫は幸せな人生を送れたんだ」。そう心から感じ、自然と納得することができたのです。今はホッと安堵の気持ちが広がっています。

W・M（女性　50代　医師）

浄化された意識を維持するために、外側のアクションを整えます

「ヤマ」「ニヤマ」はヒマラヤ秘教の修行法のひとつです。悟りを目指す修行者は、ここで「正しく清らかに生きる」ことを学びます。これは瞑想を起こすうえでも、とりわけ大切なテーマです。

まず心と体を清潔で純粋なものにしておかないと、内側を浄める瞑想のエネルギーが悪い方向へ作用してしまいます。

カルマを記憶させない、ため込ませない

真のヨガ、ヒマラヤシッダーヨガには「八支則」と呼ばれる修行法があります。

８つの段階を踏みながら修行の内容を深め、最終目的である究極のサマディ（悟り）を目指すものです。

その最初のステップと、２番目のステップで実践する心身の外側の行為の教えが「ヤマ」「ニヤマ」で、「心と体を正しい、よいことに使う」心構えを学ぶステップです。八支則で「ディヤーナ」と呼ばれている瞑想は、７番目のステップになっています。「ヤマ」「ニヤマ」によって行いを正すことで、まず外側の環境をきれいに整えます。

というのも、瞑想をすると未知の領域へ至り、いままで開けたことのないパンドラの箱、心の内側にあるカルマを開けることになるからです。そこには自分がこれまでに行ってきたことがすべて記憶され、収められています。そしてこれから行うことも、漏らさず蓄積されていきます。

無知ゆえに不正な行いや不道徳な行動をとっていると、せっかく瞑想で浄化された心に悪いカルマの汚い記憶が蓄積していきます。また、浄められたきれいな状態で悪いことを思うと、その思いが実現してしまいます。瞑想で浄化された潜在意識により強力に悪いエネルギーが素直に入ってしまい、それが内側のパワーをいただいて働き出すのです。

まず体と心の外の行為を正しくするのは、こんな理由からです。

また、瞑想を途中で放棄することもおすすめできません。高次元の上質なエネルギーとつながっていた回路が、瞑想をやめてしまうことで、心というエゴの変化するエネルギーにつながり、きれいになった分だけ悪く働くことになるからです。

瞑想を投げ出してしまうのは、おそらくエゴのほうが勝ってしまうのでしょう。

瞑想を習慣化するのに疲れたり、面倒くさくなってしまうケースもあるかもしれません。また、雑念や浄化されていく姿を見たくないというのは、エゴに気づくことが心地よくないためかもしれません。

そして、瞑想をはじめてよくなったことがあっても、それを忘れて不足を見ることで物足りなさを感じ、やめてしまう人もいるようです。

過去生と今生の計り知れないカルマが心に蓄積されているので、そう簡単にはいかないのです。しっかり瞑想を続けていくことが大切です。

また、ヒマラヤシッダー瞑想の実践で心身が浄化されてそれが当たり前になり、瞑想をやめても大丈夫と思ってしまう人もいます。しかしそれでは再び強く心につながり、因縁の法則に、運命が翻弄されていってしまいます。つまり、瞑想の習慣をやめることは、高次元の守りを受けられなくなり、心に翻弄される、カルマを積む生活に戻ることになってしまうのです。

最初から大きな目標をもってください。

「自分の過去生がわからないから、カルマを浄める」「悟りを目指し聖者になる」と、高い目標をもって臨みすすんでいくのです。

普段心がけたい「ヤマ」「ニヤマ」

ここで「ヤマ」「ニヤマ」について説明します。

前述のとおり、ヒマラヤシッダーヨガの修行法「八支則」の最初のステップが「ヤマ」、2番目が「ニヤマ」です。

次の項目で詳しく紹介しますが、この後にアーサナ（坐法）、プラーナヤマ（呼吸法）、プラティヤハーラ（制感）、ダラーナ（集中）、ディヤーナ（瞑想）、サマディ（三昧）といった修行法があり、順々に修行のステップを上がって人間の完成を目指し、セルフリアライゼーションの悟りを目指します。


「ヤマ」「ニヤマ」は修行の入り口にあたる心構えの修行で、日常生活での人としての在り方です。「ヤマ」は日常生活でやってはいけないこと、つまり「禁戒」です。5つの「してはいけないこと」が示されています。心身を汚さずに正しく生きることで、バランスがとれていきます。

生きるうえでの心身の使い方を見直して、さらに霊的人間としての素晴らしい生き方をすすめます。すべての人の参考になる生き方であり、心がけです。

これは当たり前のこと、教わらなくてもやっていると思いがちですが、本当にできるためには深いところでの変容が必要です。そう心がけるところにとどまりがちなのです。

しかし、意識することで、暴走する欲をまずコントロールすることになるでしょう。

①不殺生と非暴力（アヒンサー）

暴力をふるうことを禁じた教えです。相手を傷つけるような言葉の暴力や、心の中の思考による暴力も戒めます。さらに一歩前進して慈愛の人になっていきます。無償の愛で人を助けることができるといいでしょう。

相手を理解し、受け入れます。怒ることも暴力になります。感情がコントロールできないこともあるでしょう。しかし、心がけるだけでずいぶん違うと思います。また、自分自身は傷つけてもいいと思いがちですが、自分も尊敬していくことが大切です。自分も愛し、人も愛するのです。愛ある人になれば相手も変わり、平和な世界になります。

②嘘をつかない（サティヤ）

嘘をつかないように、誠実に生きることを教えています。嘘はいつかボロが出るものです。その嘘を隠すために、また嘘をつかなくてはなりません。きりがないのです。

やがて後ろめたい気持ちになり、純粋ではいられません。

自分をよく見せようとか、知ったふりをするのもよくないでしょう。競争意識は、自分を守るところから出てくるものなのです。

③盗まない（アスティヤ）

盗むことは罪、という戒めです。他人のものを盗むだけではありません。約束の時間を守らないことは、相手の貴重な時間を盗んだことになるのではないでしょうか。他人に迷惑をかければ、相手を心配させてエネルギーを奪うことになります。

常に不足を感じ、欲の心をもち、人のもっているものがうらやましい、人のものが欲しい。それが自分にないと相手をうらやましがったり、あるいは嫉妬したり、そうした欲望が心を乱します。何かを欲しいと他人にねだったり、人に依存して手に入れることは、その人のエネルギーを奪っていることになります。

欲しい、欲しいと相手からエネルギーを奪うのではなく、自分から与えられる人になり、相手に安らぎを与える存在になることが理想です。

④欲に溺れない（ブラフマチャリヤ）

「ヤマ」は禁欲をすすめています。性欲は、子孫を残すために与えられたものです。快楽のためにそうしたエネルギーを消耗するのは、慈愛の人になるための障害になります。また、食欲や睡眠欲などを貪るような欲望は、感覚や心の喜びにひたってやがてバランスを崩し、命をすり減らすことになるとして戒めているのです。

こうした欲望を自制できなくなると、エネルギーが浪費され、集中力を欠き、肉体の老化も早めてしまいます。

⑤貪らない（アパリグラハ）

貪ること、執着することを禁じています。私たちは神からすべてが与えられています。貪欲になる必要はないのです。死ぬときは、何も持っていけません。執着を捨てて分かち合い、捧げる生き方をするのです。すべては神様からお借りしたものであり、お返しをしていくものなのです。私たちはこの体さえ持っていくことができません。そう思うことで、心の執着の思いから自由になれます。平和になります。

次に「ニヤマ」を紹介します。こちらは日常生活で実践したほうがいいこと、「勧戒」です。暮らしの中で積極的に行うべきこと、気をつけることを教えています。「ヤマ」と同様、説かれた教えを個人的、社会的な行動の規範として実践することをすすめています。より積極的な行為を通して、心を浄め瞑想の準備となります。

①清浄にする（シャウチャ）

体を浄めて清潔にします。身につけるものも、よく洗濯をしてさっぱりさせます。また、身体だけではなく、自分の部屋や仕事場を清潔に保つ、浄めることも大切です。自らの身を置く環境もきれいに掃き清めます。それは、カルマや心を浄めることにもなります。清潔になると病気も予防でき、何より純粋な存在となって、いいものを引き寄せることができます。

インドでは、ガンジス川の沐浴《もくよく》が心身を浄める大切な修行になっています。単に肉体だけでなく、心も浄めます。水によって浄めることができるのです。朝起きて一番のマスターや神へのあいさつは必ず洗面をして、体を浄めてから行うのです。

また、ヤギャという日本の護摩焚きにあたる火の祭典があります。実際に火でカルマを焼いて浄めます。火は物を燃やすと、変容して消えます。その火の働きを尊び、ヤギャで人々の汚れた心を浄める火として扱うのです。

②満足する（サントーシャ）

いまあるものに満足する、感謝するという教えです。

多くの人は、すべて恵まれていることに感謝せず、依存するものをかき集めようとしてしまいます。不足や不平不満を唱えるのではなく、感謝することに気持ちをシフトしましょう。そうすれば「満ち足りた気持ち＝満足」が自然と内側から湧いてきます。見えること、話ができること、歩けること、そんな当たり前なことが尊いのです。機能していることに感謝するのです。

瞑想をすると、目には見えない尊いものがあることがわかり、生かされているとわかります。人格的に深みのある人になってくるのです。

③苦行する、鍛錬する（タパス）

よい行いを続けることが、苦行になります。幸せになるために、悪い癖から一生懸命よい癖にする、という継続する行為は苦行に感じるかもしれません。善行をコツコツ続けることは、意志の力を強めるのです。これは立派な苦行となります。感覚や心の欲が喜ぶことではなく、魂の輝く行為が苦行の条件です。そして、瞑想を続けて真理の道へ向かいます。進化するための、内側を整える修行です。

これは欲望を満たすやり方ではないので、苦行となることでしょう。心に翻弄されることには、楽しみと苦しみがあります。それは人間らしい生き方ですが、悟りを目指すのとは違います。悟りを目指すのは曇りを取り除き、本来の真の自己に出会っていく修行であり、欲望に翻弄される心をコントロールすることです。

それは、眠りたい、食べたい、あるいは休みたい、もう修行や瞑想をやりたくないといった心を戒めて魂に出会う過程である悟りの修行をやり続けることなのです。

④ 学習する（スヴァディアーヤ）

叡智の学び、神について学びます。それは自己について知っていく学びという意味です。本当の自分に出会っていく、そのための学びともいえます。知識としても、見えないところのすべてを生かしめている存在、真理を学んでいくのです。

これからどう生きたらいいのか、生きる意味をしっかり理解して、ただ食べるために生きるのではなく、真理に向かう準備になるのです。

⑤ 降伏する（イシュワラ・プラニダーナ）

源の存在にすべてを明け渡す、おまかせする、という教えです。人はその偉大なすべてを創り出す存在から送り出され、真理を学ぶために生きています。そして、やがてそこに戻っていくのです。

源の存在を悟るために、実際に体験して知っているシッダーマスターにおまかせするのです。エゴにコントロールされてカルマを積む生き方から、もっと命の働きの声を聴いてそれにおまかせをする生き方、内側から輝く生き方を選ぶのです。いままではエゴの言いなりになり、欲望を満足させ、感覚や心の喜びを追求する生き方でしたが、常に深くには何かが満たされない、不足と不安があったのです。

表面的な心の驕りを手放し、私を生かしめている偉大な知恵、あなたのいうことに耳を傾けますのでどうぞガイドをしてくださいということなのです。そして目の前に起きることをそのまま受け入れ、慈愛をもって生きていくことです。神にサレンダー

（降伏）することです。

以上が「ヤマ」「ニヤマ」です。

当たり前のところもありますが、自己の悟り、セルフリアライゼーションのため、真の幸せのための生き方、あるいはこの社会でよく生きるためにも体と心を正しく使うことは大切な事柄です。

実際にやろうとすると、心の癖に翻弄されてなかなか難しいものです。正しく生きるのがいいとわかっていても、多くの人は長年慣れ親しみ、癖になっている好みや趣向の世界に走ってしまいます。

人に親切にしようと思っても恥ずかしかったり、逆にやりすぎたりと、心が自然にならないのです。

何事も、心の働きで気にすれば気にするほどできません。演技になってしまい、表向きの行儀のよさを繕った、偽善者になるかもしれません。

ですから、すべてを自由にする瞑想をするのがよいのです。また、源からの力をいただきながら心を外していく修行が必要です。ただ心で思って行うだけでは、洗脳になってしまいます。それでは、正しい人間完成には到達できません。

肉体や感覚を研ぎ澄まし、サマディを目指す

「八支則」の1番目、2番目の「ヤマ」「ニヤマ」で外側の環境を整えた後は、肉体や感覚を研ぎ澄ましながら、究極の悟りであるサマディを目指します。どのような修行をするのか、ご参考までに「ヤマ」「ニヤマ」以外の八支則をご紹介します。

私はこれらの修行法に、モダンなアイデアも取り入れて、究極のサマディまでの道をガイドしています。体を整える。呼吸を整える。精神統一する。さらに、問題を解決しながら、愛と知恵と、生命力を開発しながら、悟りへの道を示しています。

3 アーサナ（坐法）

日本でヨガというと、このアーサナをイメージする方が多いでしょう。一定のポーズを保つ坐法のことです。体だけではなく、心を健やかにする目的もあります。

私は若いころ、いろいろな体の動きでバランスをとる動作を発案し、著書に発表し

てきました。整体とアーサナから細やかに体を整えて、意識とともに動く「プラナディ」という新しい動きや、ヨガダンスなども考案しました。

体の動きは、心を解き放つと深いところから自然にバランスがとれて柔らかくなり、スムーズに開脚前屈ができたりするのです。一生懸命にやりすぎるとマインドが強くなり、エゴが外れません。おまかせをすることが大切です。

ポーズにとらわれず、必要なことのみを行うようにしないと、悟りへの道が遠のき、造成地に行く道の途中に家を建てて住むというような、そのこと自体が目的になってしまいます。真の目的は、真理を知ることなのです。

4 プラーナヤマ（呼吸法）

呼吸によってプラーナ（気、生命エネルギー）を体内に取り入れ、体と心を浄化する呼吸法がプラーナヤマです。エネルギーが活性化されてエネルギーが強まり、それをコントロールできないこともあります。プラーナヤマは自律神経に関わり、心身と魂のバランスを崩すので、悟りのマスターのガイドが欠かせません。

プラーナヤマは、「アヌグラハ・ヒマラヤ・シッダークリヤ秘法」といい、別名、「光の修行法」です。

5 プラティヤハーラ（制感）

感覚や感覚器官はヒマラヤ秘教の秘法で浄められていきます。「プラティヤハーラ」は、感覚の制御のことで、宇宙につながるパワーである「アヌグラハ」の恩恵で、感覚が浄められ、正しい精神統一ができるようになります。いろいろな癖がついている感覚を浄めるのです。

シッダーディクシャは、サマディパワーでエネルギーのセンターや感覚も浄めて心がさらに平和になるようにしています。人を生かしめている目に見えない内なるパワーが目覚めたり、いろいろな奇跡が起きて改善されます。浄化され、神聖なパワーで奇跡が起きるのです。

6 ダラーナ（集中）

集中して、不動の心をつくる修行です。マントラ（↓200ページ）を唱えたり、神やシッダーマスターなど純粋な対象に、注意を向けて精神を統一します。

普段、私たちが一生懸命やっていることは、精神をその対象に傾けています。ただしこの行為は、エネルギーの消耗なので気をつけなければなりません。ときには、そこから離れたりすることも必要です。また、この修行で仕事もよくできるようになります。

7 ディヤーナ（瞑想）

ここで、やっと瞑想の修行がはじまります。対象と一体になっていく、この流れを瞑想といいます。

瞑想を起こすためには、「八支則」などの準備が必要です。人はそれだけ、心や体が生きるためにあれこれに興味をもち、いろいろなものにこだわって生きているからです。

心に気づきそれを離れ、さらにその心の奥に何があるのかを探っていきます。体を生かしめているもの、心を働かせているものである、記憶とか、感情、思考、さらにはエゴ、欲望、執着といったものがあることがわかってきます。一つひとつが落ちていく過程で、それらが何なのかがわかります。体と心を生かしめているもの、真理を知っていくプロセスです。

内側への旅は、源の存在、すべてをつくる力がある存在に戻っていくことです。究極の真理を体験するのです。ヒマラヤシッダー瞑想の実践でエネルギーを充電し、「ああ、こんなに満ちていたのだ、どこにも行く必要がない、自分の中にすべてがある、それを磨くのだ」と気づき、さらに真理にも気づくのです。

8 サマディ（三昧）

ヨガの修行の最終到達点です。体のサマディ、心のサマディ、さらに、喜びのサマディ、アスミタ（超自我）のサマディを行い、それを超えたサマディと、さらに究極のサマディであるア・サンプラガティサマディという自己から神、さらにナッシングネスに達します。

最終の気づきです。望むものがすべて成就します。自己の悟りを得るのです。

体のバランス・呼吸を整えて、瞑想を起こす準備をします

瞑想をするには、準備が必要です。瞑想にふさわしい外的な環境を整えたり、体のバランスや呼吸を整えたりします。そして瞑想以外の時間も、従うべきことに従い、心と体を正しく整えて生活します。こうした準備が終わり、さまざまな条件が整ったことを「瞑想を起こす」といいます。

未来の執着をつくらず、過去の執着を外す

私たちは何のために生まれてきたのでしょうか。

私たちはカルマを積むためではなく、カルマを浄める正しい生き方をするために生まれてきました。私たちの人生の真の目的は、カルマを浄め真の幸福を得て自己を悟ることなのです。そのためには、そうしたメッセージをまわりの人をはじめ、多くの人に愛をもって信じて届けていくことです。それが善行となり、自分のカルマを浄め、意識も高まり、人を救うことになって、高次元の存在からの守りと導きをいただけるのです。

単にリラックスするために瞑想をするのではなく、自分の時間を、人を幸せにすることに捧げていきます。それがエゴをとる行為となり、カルマを浄めていくことになります。未来の執着をつくらず、過去の執着を外すことで、カルマの浄化につながります。内側がきれいになるのです。それが瞑想の準備にもなっていきます。

瞑想も大切ですが、実はその前の瞑想を起こすための行為が、さらに大切です。で

すから、少しでも愛や思いやりを出して「まわりの人が幸せになりますように」と祈りを形にするのです。

行動のメディテーションで魂を磨く

多くの人は「外側のものを自分にくっつけ依存している」「外側のものにとらわれる」ことを繰り返しています。なぜなら心（マインド）を使って生きているために、心が必要であると思い込んでいるからです。欲望の心と執着する心は、心のもつ特性です。

自分自身を心と思い、四六時中、心を使い、振り回されて休むことを知りません。寝ていても、夢を見て心は働いています。もちろんそれは無意識のときも、意識して考えているときもあります。わかってはいるけれどやめられないのです。

瞑想をはじめても、仕事や家事、趣味やお付き合いなどで、心も体も休まらないことはあるでしょう。心の癖に引っ張られて、ついエゴや欲望の心の使い方に逆戻りしてしまうこともあると思います。

そんな状況を、少しずつよい習慣を身につけて変えていきます。**外のカルマを積むほうにあなたを引き戻さないように、生活の中で執着をとる生き方をプラスします。**自ら捧げる生き方をプラスするのです。それは、人を助ける生き方です。

私は講演などで、みなさんに「奉仕をしてください」「お布施をしてください」と、おすすめしています。まず善行（善い行い）によって執着を薄めることで、取り込むというこだわりが外れ、内側へ向かうエネルギーになります。瞑想にふさわしい意識へ切り替えることができるのです。

人に奉仕することや、神に感謝の捧げものをすることは、瞑想と同じ意味合いをもちます。人の中に神があり、自分を活かすことは「行動のメディテーション（瞑想）」です。

すべては、神様から借りたものです。あなたの才能もです。それを返していきます。自分を捧げていく、神や他人に感謝する、こうした気持ちを根づかせるのが大きな目標です。そうすることで瞑想に臨むのが理想的なのです。

瞑想の10分よりも、残りの23時間50分の過ごし方

先ほども触れましたが、瞑想をしていない時間をどんな行動や思いで過ごすか、実はこれがとても大切なことです。

瞑想の時間は、初心者と段階を追っての修行者と、レベルが異なります。瞑想は時間ではなく深さが大切です。ヒマラヤシッダー瞑想は、シッダーマスターの祝福でさらに深く入れるのです。だらだらとやるのがいいわけではありません。また、瞑想をしない時間にも、いかに無心でエゴを肥やさない生き方をしているかが大切です。もし、その間を欲望や執着にとらわれているなら、その生き方自体を変えないと、せっかくの瞑想が生きてきません。

瞑想は本来、神と出会うために出家をして、生活のすべての意識を悟りに持っていく人のためにあるのです。ところがいまや、世界の人が瞑想に関心をもつのはリラックスの手段となっています。そうして得たエネルギーを仕事に生かしたい、もっと才能を伸ばしたいなど、自分の心の欲望を満たすためのみに使ってしまうのです。

それだけでなく、瞑想を自身の本当の成長のために使ってもらいたいのです。あなたが生まれてきた目的を成就していただきたい。それは真の悟りを得ることです。それは意識を進化させて人間を完成させるということです。

瞑想を実践することで、**一日の残りの時間がよくなります**。24時間、瞑想のいい波動が続いて正しい選択ができ、悪いカルマも積みません。

そのためには、生涯瞑想修行をします。実際、社会活動をしながら瞑想を学ぶ方には、悟ることは難しいと思います。そうした場合、普通なら何らかの瞑想に出会っても単なるリラックスどまりです。しかし、ヒマラヤ聖者との出会いにより、ヒマラヤシッダー瞑想の世界に触れることができるのです。そして段階を追った、上質な修行や、奇跡のような体験が味わえるのです。

瞑想ですべてよし、とはならない

瞑想をはじめてしばらくすると、理屈ばかり並べるようになる人がいると聞きます。理屈で悟りがわかるということではありません。

心を使ってどんなに知識を身につけても、それはただ心（マインド）を強めているだけで、「空っぽ」にはなれないのです。これは悟りと反対の道に進んでいて、悟りの道を進んでいるとはいえません。

また「瞑想をしている私は、心が静かで偉い人間だ」と、エゴの塊になる人もいるようです。また、そのエネルギーがそう思っていなくても、何かよそよそしくなることもあります。静かであるゆえに何か賑やかな人や落ち着きのない人を批判したり、ジャッジしたりすることもあるかもしれません。

もし、瞑想をしている人が「私は浄められて清らかだが、瞑想をしていない人は不潔で汚い」などと言い出したら大変です。人と比べて特別意識をもつのではなく、命の尊さと感謝を忘れずに、思いやりを育んでいく必要があります。

「瞑想は自分だけの時間」「瞑想で静寂にひたりたい」といった執着をもつと、エゴが先に立ってしまい、共同生活にも破綻をきたします。何をするにも瞑想が優先され、日常の暮らしに支障が出ることさえあるでしょう。

また、余裕のある瞑想者になることも必要になります。それには、捧げる生き方をプラスするのです。そしていろいろなことを受け入れます。**すべてを受け入れ、鳥瞰**

する目と、許す愛を育まなければならないのです。セルフィッシュな考えを優先するのではなく、人に親切にして、助けていくのです。自分が汚れても洗ってまた復活すればいい、と思える大きな愛の人になるのです。愛と平和のない瞑想はあり得ないのです。

瞑想をはじめても、すぐにすべてがうまくいくわけではありません。人の中のからくりがわかってきます。そしてエゴに気づきます。だからこそ、シッダーマスターにサレンダーすることが大切です。あなたを戒める存在、心が謙虚になる存在が必要です。

最近は、自分のもつ専門知識などの指南をメンターに仰ぐことの必要性が、アメリカのビジネス界から叫ばれ、日本にもその流れが来ているようです。それはインドの精神指導者、人生の指南者のグル（師）の考えがアメリカにわたり、ビジネス業界にも広がっていったのです。

悟りというとてつもない未知の世界のガイドは、それを知るマスターが欠かせません。シッダーマスターは知識ではなく叡智を与える最強の魂の師であり、メンターであり、それを超える存在です。

調和のとれた作品を仕上げるようなつもりで、日々のアクションを整えます

安全に、スムーズに瞑想を起こすには、心身のキャラクターをつくる原因になっている日々の行為について気づきが大切です。日々の生活全体を正しく整えていくのです。純粋で調和のとれた作品を仕上げるようなつもりで、高みを目指しましょう。

体は心を浄化させる大切なツール

私たちの体は小宇宙であり、5つの元素でできています。それは**土**、**水**、**火**、**風**、**空**です。これを浄めるのに食べ物の土、水、さらに火と風を与え、空の純粋なもの、ヒマラヤ聖者の知恵と愛と、生命力を与えて最速で浄め、体質を変えることができるのです。

私のところでは、瞑想を起こすための体と心を積極的に浄化する各種プログラムを行っています。一つの例をあげますと、内臓をきれいにするプログラムもあります。体質改善のための一種の断食のようなものです。

いままで、誰もがいろいろなものを口の中に放り込んで内臓に負担をかけてきました。道場ではいろいろなものが入っていない、自然なものを食べて内臓に負担がないようにします。短期の研修では、いままでの食習慣が大きく変わる、休息をとった内臓が生まれ変わるなどの変化が見られます。それに加えて、深い瞑想もできるようにです。

健康な体をつくって品質のよい人になるには、その根本としてやはり、食事の仕方が大切です。

ところが食習慣というものは、なかなか変えられないものです。思い切っておなかの中もすべて掃除をして、食事をコントロールし、よい食事をするように習慣づけることも必要です。

半断食の体質改善のコースは、急を要する場合に2日間の半断食などで、体をきれいにすることができます。これは、カヤカルパという短期間に体質を変えるものです。その内容は体を改善する総合的なプログラムと食事の改善プログラム、および瞑想プログラムの、ヒマラヤ聖者の祝福と知恵が入った贅沢な体質改善です。これらを通して心身全体のバランスを整えていき、何十年分ものお掃除になります。

体は心を浄化し進化する、つまり大切な瞑想のツールです。肉体がなければ悟りを得ることはおろか、修行すらままなりません。瞑想は心を超えて「本当の自分」に出会う旅のようなものです。体をケアし、整えることも意識したいものです。

ため込むのではなく、差し出していく

瞑想を起こすうえで、同時に実践していきたいのが「捧げる」という行為です。よい行為は、よいカルマをつくります。功徳《くどく》を積む生き方です。心は同質のものを引き寄せる性質があります。よい行為をしていくと、それが災いや邪悪なものを寄せ付けないバリアの役目をし、安全に瞑想を行うことができます。

人は生まれたときから心の欲望によって「欲しい、欲しい」という取り込む回路ばかりを使って、心に雑多なものをため込みます。そうやってカルマをつくり続け、それは今生のみでなく、過去生から続いてきています。

ですからカルマを浄めるには、執着をとる行為をしていく必要があります。捧げる行為、手放す回路が大切です。

捧げる行為が、心の執着を外すことになるのです。それは、取り込むことと反対の行為になるからです。愛ややさしさ、奉仕、施しなどを出していくのです。なかでもお金は、誰もが執着するものです。お金を差し出すこと＝お布施は、根深い執着を外

すのに最も効果的な行いです。

見返りを期待しないで、人々が真理のために使われるところに捧げていくとよいのです。捧げる行為で、執着がゴソッと抜け落ち、浄化がすすみます。

そして捧げられたものは、人々が愛の人になり、平和の人になる、そうした真の成長のために生かされるのです。

お布施の行為は、理想的な循環サイクルをつくります。信仰とお布施を捧げると、純粋な回路から神によって「高次元のパワー」が返ってきます。そのエネルギーが人の内側を整え、良質な波動となって、まわりの人やものにいい影響を与えるのです。これは「愛の循環」「真理の循環」です。

そんなお布施に加えて、奉仕や善行をしていけば、質の高い瞑想を起こしていけます。あなたが悟りに向かう道が開けます。

ただいい人になりたいという心の思い込みで無理して行う奉仕は、表向きの善行なので消耗して疲れます。お布施も同じです。「ねばならない」と思って行うので、疲弊するのです。シッダーマスターと神につながった慈愛の奉仕は、あなたを満ち足りた気持ちにしてくれます。

「捧げる」ことの大切さを実感したという体験が寄せられました。

愛を捧げる生き方で、すべてがうまくいきます

瞑想をするようになり、まず生きるのが楽になりました。以前は何かする前も、何かしているときも、心の中で言い訳やネガティブな思いが渦巻いていました。いまは「ただ愛を出せばいい」という生き方を実践しています。そうすると、必ずいい結果が出ます。ヨグマタジが「愛とは何か」を体験でわからせてくださいました。

O・N（女性　40代　教員）

与える、捧げるという行為は無償の愛、尊いものです。このような生き方がベースにあると、瞑想もより深まります。

軽いエネルギーの人になる

ヒマラヤシッダー瞑想と同時に、毎日の心のもち方や、行いを正していくことでき

らに進化します。それは日ごろの心の姿勢の重要性をいいます。瞑想の実践と併せて、何を見ても不足に感じる癖をあらためます。すべてを感謝で受け取ります。好き嫌いでなく、無償の愛で受け取り無償の愛のエネルギーを出します。

生きる時間は、瞑想している時間よりも普段の活動時間が大半を占めます。そのときの心のもち方が、いかに大切かということがわかると思います。この心身の状態は誰がつくるかといえば、**すべては自分の心の在り方で染め上げられていくのです。**

感謝と無償の愛の行為をしていきます。その行いはよい記憶となって、心の中に記憶されます。

よい行為、思いは純粋な波動でカルマを浄め、心が軽やかになっていきます。重く否定的なエネルギーの人から、軽やかで肯定的なエネルギーの人に変わっていきます。意識が進化するのです。

そして「ヤマ」「ニヤマ」を守り、人としての正道を歩みながら、よいカルマをつくるようにします。貪欲にならないことも大切です。

食欲や睡眠欲、性欲といった欲望もそちらに傾かないよう気づきをもってバランスをとり、心と体を整えます。欲望に振り回されないよう、心をコントロールしていくのです。「身・口・意」を正して、純粋な体と心になります。軽い純粋なエネルギーの人になると、執着が外れます。「ま、いいか」と受け流せるようになるのです。

こうして浄められた軽いサットバ（純粋な性質）のエネルギーは、心の影響を受けることなく、すべてを学びとして感謝で受け止めることができます。心穏やかに、平和を維持できるのです。

カルマを積まない生き方、「ニシカマ」

エネルギーの軽い人は、そこからさらにステップアップして「ニシカマ」という境地を目指してください。これはカルマを積まない生き方です。**いまにいる生き方**ともいえるでしょう。

私たちは無意識でいると、善行をしても見返りを期待したり、善意で接した相手の態度を不満に思ったりします。そうなると、せっかくよい行為をしても、心があれこれ期待して揺れていることになり、カルマを積むことになってしまいます。

多くの人は、お互いが助け合う「ギブアンドテイク」の中で生きています。これは心のレベルでの善行です。心のやりとりで生きています。もちろんこれはこれで素晴らしいことですが、そこからさらに上質の生き方として「**ただ与える人になる**」、魂からの人、光の人になっていただきたいのです。

それはちょうど、太陽が私たちに光を注ぐイメージです。降り注ぐ光は地球を照らし、大地を暖め活性化させ、生物を育みます。そのほか、限りない恩恵を与えてくれます。しかし、ただ与え続けるだけです。そこに見返りはありません。捧げることで満ち足りているからです。

大自然は、そうした与え合い成り立っていることがわかります。月の光と太陽の光で、この宇宙は動いています。大地の養分と水は、木々に潤いを与えています。与えることで生かされています。与え合い生かし合い、お互いが生かされています。

人は必要なもの以上に欲望が働き、不安に駆られ、集めてばかりの生き方になってしまいました。人が自然になり、楽になるために、また、地球にやさしく、宇宙にやさしくなるために、私たちもこれに倣った生き方をしたいものです。

まわりに与え、捧げることで内側が満たされ、魂と意識が進化していく。そして、心に振り回されないで心から離れる。これが「ニシカマ」という境地です。

また数々の引き寄せの磁石となる、心を浄める瞑想の深まりにより、エネルギーの質が軽くなった体験を紹介します。

瞑想でエネルギーの質が軽くなりました

ヨグマタジにつながる前は、あくせくして頑張っていて、考えて悩むことも多く、重いエネルギーをもて余していました。それが瞑想の導きによって、いまではとても軽くなりました。悩まなくなり、考えなくなり、まわりを愛せるようになりました。

Y・Y（男性　20代　学生）

エネルギーが軽くなり、執着やこだわりから解放された例です。

魂の願いを実現する

人は生きていて、何かしらどこかに不安や不足を抱えています。それは自分自身に対してであったり、社会やまわりにいる人に対してであったりします。そして、それらの不満を抑えて自分の心や体を喜ばせるものを求めています。たとえば、人を見返すためやコンプレックスを克服するための知識、能力、あるいは学歴、資格、美貌とか健康などです。これがあればみんなに勝つことができるといった、驕りの心です。

そうしたことではなく「自分は誰なのか」。自己、つまり真理を求め、気づきを深めていきます。深い魂の願いを実現していくのです。源に遡って気づきを深め、いまを選択するのです。

そのためには調和をもって生きます。心の好き嫌いではなく、深い宇宙的愛を目覚めさせるのです。いまという平和を目覚めさせるのです。不平不満を抱えるのではなく、ヒューマニティを高め、気づきをもって純粋に平和にして、神の愛で満たし、いまにいるのです。

それをまわりの人とシェアする。それが魂の望みです。

この体と心で戦いに勝つために用意したもの、執着していたものを天に返していきます。あなたのカルマで現世利益的なものが欲しいのであれば、それを実現するのもいいでしょう。ただし、魂の願いを実現するため、あなたの得たものをシェアし、神に捧げていくのです。執着をとることを同時にしていきます。

美しくなりたい、健康になりたい、成功したい、という現世の願いが簡単にかなえられるのですが、併せてあなたの内側を変える真理の道をしっかりやっていくのです。人生の目的、自己の悟りは生涯のテーマです。あなたは神へと還っていくのです。

瞑想は、感覚を喜ばせることではありません。つかの間の喜びを外して、深いところにある真理に気づいて楽に生きるためのものです。

瞑想を起こす準備

○ 浄化された意識を維持するには、外側のアクションも整えていきます。

○ 新しいカルマを積まないようにします。

○ 体を整え、心の感覚を研ぎ澄ませます。

○ 行動の瞑想で魂を磨いていきます。瞑想の10分より、残りの23時間50分の過ごし方が大切です。

Life with meditation.

第6章 瞑想のある生活

ヒマラヤシッダー瞑想の実践

外側の準備は整いました。内側を浄化する旅がはじまります

善行や正しい行いなどで瞑想を起こすための外側の準備は整いました。いよいよ次は内側を浄め、意識を高め、真理を知るための旅がはじまります。

この章ではヒマラヤの瞑想をスタートさせる方法や、そこで行われること、瞑想を深めていく流れ、そして瞑想者の目指すべき頂点について紹介していきます。

ディクシャの伝授が出発点

ここまでの章では、ヒマラヤ秘教のヒマラヤシッダー瞑想について、さまざまな観点から紹介してきました。いよいよここからは、瞑想の実践です。

ヒマラヤ聖者は「人間は何のために生まれてきたのか、私たちの深いところにある存在は何なのか」という問いと瞑想を通して探究し、真理にたどり着きました。

心と体にコントロールされるのではなく、自分で心と体をコントロールできる人になり、心の苦しみに振り回されないで神のように生きられることを５０００年以上前に発見したのです。

お釈迦様がお生まれになったのが、約２５００年前ですから、それよりはるか昔、すでにヒマラヤ聖者は存在し、最高の叡智をもっていたのです。

その教えは見えない存在、この宇宙を創り出し、私たちを生かしめ力を与える存在を信じることです。

そして、その見えない存在に実際に出会っていくことを目指します。

それは、知恵と愛、数々のヒマラヤ秘法やヒマラヤシッダー秘法瞑想によって得られていくのです。

真理に向かう、最高の人間になる修行で、あなたの内側に入って心身を浄化し変容させる、源に還っていくスピリチュアルな旅です。シッダーマスターのガイドがあってはじめてできるのです。入門して、しっかり自分に修行を続けると誓います。

入門すると、シッダーマスターから浄めの儀式があり、秘法の伝授が行われます。それをシッダーディクシャといいます。それは神聖なものではありますが、怖いものでも、怪しいものでもありません。学びのはじまり、学校に入学式があるのと同じです。

これから進む道は神秘の科学、生命の科学であり、悟りへの道です。先生を信頼し、この道を尊敬して進んでいくということです。マスターが、神とあなたをつなげてくれる奇跡のような儀式です。

最初の基本となるシッダーディクシャでは、シャクティパットというシッダーマスターから直接の手のタッチで、高次元のエネルギーが伝授されます。あなたの心身が浄められ、内側の自己が目覚めます。そして過去生から蓄積されたカルマが溶け、浄められます。この悟りのエネルギーは、世界中で誰も与えることができない、命を生かしめる、お金には換算できない尊いものなのです。

　シャクティパットとは、シッダーマスターからエネルギーの伝授で恩寵を与えることです。究極のサマディを体験したマスターは、変容する力のある高次元のエネルギーをもっています。タッチするシャクティパットはエネルギーの伝授で、浄める力があります。また、マスターのまなざしはアイディクシャといい、見られた人の心を浄化して、目そのものの機能もよくなります。

　マスターとのコミュニケーションで変容して生まれ変わりシッダーマスターとともに座ると浄化され、そして瞑想が起きるのです。

　その後、内側の旅の扉が開かれ、浄化されたところに、聖なる音の波動であるマントラ（→200ページ）が伝授されます。それは、そのときその人に必要な根源の音を授けるものです。それによってさらに深く浄められていきます。

　こうしてシッダーディクシャの拝受で悟りへの道、瞑想を行う許可が得られます。

　エネルギー伝授をすることで、源の存在とシッダーマスター、そしてあなたがひとつの絆で結ばれます。それは尊い存在から一生守られていくことでもあります。あなたは神とシッダーマスターを信頼することで、祝福が与えられるのです。

ここに、ディクシャを拝受した人の感想を紹介します。

光が回る不思議な体験

前回は眉間に痺《しび》れを感じましたが、今回は儀式の間、いろいろな光が目の前で車輪のように回る姿を見ました。不思議な体験でした。与えられたすべてに感謝しまます。

K・H（男性　60代　パート）

重いエネルギーが流れるような感覚

頭からエネルギーのような深くて重みのあるものが流れると同時に、目の前に光が広がる感覚があり、口元に力が入らないようになり、圧倒される体験でした。その後のシャバーサナ（休息のポーズ）で、宇宙に行ったような深い癒やしの空間で充電されたようです。

エネルギーをいただき、変容を早めてくださり、ありがとうございます。これからは社会のため、人のため、愛の人になっていき、もっと多くの人を幸せにできるような人格になります。

T・W（女性　40代　会社員）

時が止まったような空間

ディクシャがはじまるまで眠かったり、体が痺れたりする不快感があって集中力を欠いていましたが、ディクシャがはじまった途端、何かがピタリと止まり、エネルギーを感じはじめました。

ヨグマタジがお近くに来ると、背中からものすごい何かを感じ、押されるような、熱くなる感じがあり、あまりの圧に笑い出してしまいそうでした。ディクシャの最中は、ずっと「ありがたい」という気持ちと感動で涙が出ており、マインドの自分とは別の、本当の自分の2つの感覚がありました。マントラを授けていただいたときは、時が止まったような感覚になりました。

Y・O（女性　30代　主婦）

それぞれ奇跡的な体験をして、それを胸にさらに瞑想修行をして、浄化をすすめ生まれ変わっていきます。

目的によってさまざまなディクシャがある

あなたが瞑想をはじめたいと思うのであれば、マスターから浄めと秘法の伝授を受け瞑想を深めていくことができます。その際行うのが、先ほどの入門ディクシャです。まず、シッダーマスターがシャクティパットで心身のカルマを浄め、マントラを伝授します。それはあなたを守り、成功に導きます。それによって修行を進めていき、さらに進化して、その後、内側に入るマントラをいただきます。それがシッダーディクシャ1の拝受です。

この後、さらに上級のシャクティパットによって高次元のエネルギーを注ぎ、各センターを活性化させます。そして、さらに奥深くに入るマントラを伝授します。

ディクシャには、さまざまな種類があります。前述のようなマントラを授けるディクシャには上級ディクシャがあり、段階を追ってマントラが伝授されていきます。ヒマラヤ秘教の秘法を授けるディクシャ、特別なシャクティパットのディクシャなどです。他にも、クンダリーニディクシャ、アヌグラハクリヤディクシャ、クリパディクシャ、サンカルパディクシャ、サマディディクシャなどがあります。

なかでもサンスカーラディクシャは、サンスカーラ（↓135ページ）という何生もの過去生のカルマをたった一日で浄化して生まれ変わらせる、奇跡のようなディクシャです。

こうしたディクシャは、マスターがその人に応じて最適なものを選び、実践していきます。ですからディクシャは入門のときだけではなく、ステップアップを目指すなかで、マスターからあなたへ伝授があるたびに行われます。

「信頼」のトライアングルをつくる

第2章でも紹介したように、ヒマラヤシッダー瞑想は、マスターと源の存在への信頼のスイッチをオンにすることからはじまります。

目に見えない力を信じて、自分を信じていくことで、いただくエネルギーやマントラが信じがたい働きをしてくれます。

サマディに至ったシッダーマスターに会えることは、たいへん稀なことです。多くのヒマラヤ聖者は秘境の地で深い瞑想に入り、下界へは降りてきません。そのシッダーマスターが、シッダーディクシャ拝受のときにシャクティパットで直接あなたにタッチし、神聖なエネルギーを伝えるということは、新しい命の働きをいただくということです。

拝受したならいままでの生き方と違い、シッダーマスターを通して神の力をいただきながら力強く生きられるということです。あなたは、曇った心とのつながりが外れ、深いところの変性意識に旅をして生まれ変わるのです。

これらのヒマラヤの秘法伝授と瞑想を深めるため、さらに悟りに導かれるためには、案内役となるシッダーマスターの助けが欠かせません。とくに自己流の瞑想は危険がいっぱいです。過去生のカルマが積み上がった潜在意識から、邪悪なものが表れることもあります。

それは初めて登る険しい山にガイドが必要なのと同じです。瞑想で、あなたがまだ体験したことのない**内側の世界への旅は潜在意識、超意識を整えること**であり、マスターが必要なのです。

瞑想修行者以外は、誰も自分の内側を見たことがありません。ましてや深い意識の世界など、歩いたこともないのです。心は常に欲望のままに動いています。それに翻弄されないために心を浄化したり、切り離すことができるのがシッダーマスターの悟りのエネルギー、高次元のエネルギーとサマディの叡智です。シッダーマスターの宇宙的愛によって見守られることで、安心して未踏の道を進むことができるのです。

サマディを体験したシッダーマスターは、その道を何度も歩いています。どこに危険が潜んでいるかも熟知しています。また、安全な最短のルートも見知っています。ですからマスターを信頼し、すべてをゆだねればいいのです。自律神経とエネルギーに関わる内側の整理は大変な作業で、ひとりではできません。

聖なる音の波動が、浄化をスピーディにします

マントラは、仏教用語で「真言」といいます。それは聖なる音の波動です。ヒマラヤシッダー瞑想の中の「サマディ瞑想」が、この聖なる波動の瞑想です。基本のディクシャでは、最初に災いを取り除き、お守りとなるマントラが授けられます。質が高く、強力なパワーをもっています。これが曇った心やカルマの浄化をスピーディに推し進めてくれます。

不調を消すほど強力でミラクルな波動

ヒマラヤ聖者は、宇宙の純粋なところに生まれた音、マントラを発見しました。それは**純粋な音の波動、音の種子**です。

このマントラを用いて内側を浄め、瞑想をします。それは原子力のような強いエネルギーをもち、心の曇りを破壊してくれます。

マントラには、サマディに達した聖者、神がひとつになったパワーが込められています。その波動を広げて放たれるパワーは、体の不調を消し去るほど、強力でミラクルです。また、長い年月の間、ヒマラヤの聖者が唱え続けてきた純粋でパワフルな波動です。

マントラを授かるときは、敬虔《けいけん》な気持ちをもっていただきます。否定的な心で取り扱うと、悪いことを引き寄せるので注意が必要です。

このマントラを用いて、瞑想を起こしていきます。最初に、シッダーディクシャガーディアンで、お守りのマントラをいただきます。マントラで実践するのは、「マントラ瞑想」あるいは「サマディ瞑想」ともいいます。

ガーディアンのマントラは、過去生や今生のカルマがもつ苦しみを溶かして浄化します。

最初に伝授されるマントラは、すべてのカルマを浄化する力があり、外側の災いからあなたを守る働きがあるのです。さらに叡智を与え、成功に導く力があります。

無限の可能性を広げる力

マントラには、いろいろな種類があります。それらは入門のときと、またシッダーディクシャガーディアン、シッダーディクシャ1、2、3と段階を追って進化し伝授されていきます。

なお、授かるマントラの内容（言葉）は、この宇宙をよくするもの、人をよくするものであり、同じ波動で神とワンネスとなって世界を平和にするものです。その人が「こうなりたい」という希望に沿った、目的別のマントラもあります。ビジネスに強いマントラ、慈愛に強いマントラ、能力開発に強いマントラ、知恵に強いマントラ、癒やしに強いマントラなどです。

伸ばしたい才能や、力を入れたい分野のマントラをシッダーマスターからいただくことで、ヒマラヤの聖なるエネルギーに守られながら、無限の可能性を広げていくことができます。

それぞれがその目的に応じて力強く、全体の調和をはかっていきます。

マントラは、シッダーディクシャのときに心身を浄めていただき、その後、シッダーマスターからの口伝で伝授されることが重要です。あなたとシッダーマスターと神との関係になるからです。あなたは常に、マスターを橋として守られています。それを大事にしていきます。

瞑想を体験していくために、シッダーディクシャガーディアン、さらにシッダーディクシャ1、2という上級のディクシャでは、カルマを浄め、体のセンターを浄めて開くマントラが授けられます。

これらのマントラをいただくと、過去生からのカルマが浄化され、過去と未来の災いをとり、幸運を呼びます。才能を開き、先祖を浄めることになり、自分の自然性を高めて調和をとっていきます。

見えないヒマラヤの恩恵に守られながら、明るい未来へ向かうレールの上を、何の心配もなくすすんでいくようなものです。

人は土のエネルギー、水のエネルギー、火のエネルギー、風のエネルギー、空のエネルギー、音のエネルギー、光のエネルギーでできています。

シッダーディクシャの上級で、これら7つの体に合った波動のマントラを、段階を追っていただき、それぞれの体を浄めていきます。

同時にアヌグラハクリヤ秘法（シッダーマスターの特別な呼吸法や秘法）をいただいて浄めていくのです。最終段階でサマディのマントラである、悟りのマントラをいただきます。

つまり、7つの体と7つのセンターを浄化しながら、サマディに向かう秘法をいただいていくのです。それはさまざまな秘法となりますから、才能や潜在能力を目覚めさせ、慈愛の心を育てます。

本来は神だけのもつ根源の力を引き出すので、カルマの浄化とともに、社会的な成功や出世といった、プラスの事象をもたらします。

これらはシッダーディクシャで受け、そのほか研修や合宿での実践で各種秘法が与えられ、修行をします。アヌグラハクリヤ秘法も合宿や研修で与えられます。

瞑想の時間を、呼吸をするように日々自然に溶け込むようにします

ディクシャによってヒマラヤシッダー瞑想への入り口は開かれました。ここからは段階を追って授けられる、さらなる瞑想秘法と各種の秘法を実践しながら、瞑想を深めていきます。普段、私たちが無意識に呼吸をしているように、瞑想の時間が自然な形で暮らしに溶け込んでいくのが理想です。

上質な人へ変容する

私はみなさんに一日も早い意識の進化を促していただくため、オリジナルの悟りのプログラムを開発・提供しています。

ヒマラヤ秘教は、秘密の教えです。私は師匠のハリババに「みんなを救いなさい」と命を受け、啓蒙しています。現代的なテイストもブレンドし、楽に、秘密を守りながら学べるようにすることで、誰でも参加しやすいものにしています。それは世界最速でカルマを浄化し、平和な心をもたらすプログラムといえます。

多くの人が心や体の欲望に翻弄されて苦しみの中に生きているところから、心身を整えて内側を目覚めさせ、調和をとって進化するために外側と内側の修行をしていきます。

瞑想を起こす段階から、瞑想を深め上質な人へと変容する、その過程をマスターが無理なく導いていきます。そのためのメニューやプログロムが組まれています。誰もが実践できる安全なものです。

子どもがディクシャを受けたら、すぐさまいじめられなくなったという報告がありました。

シッダーディクシャで内側が浄化され、変容して運命が変わります。そのとき苦しみから離れられ、いままでと違った景色が見えるのです。よい思いに変わることで、自分をいじめていた相手の悪い思いも消えるのです。

習いごとやスポーツ、勉強でも同じですが、いきなり上級者にはなれません。初心者から一歩ずつ、ステップを上っていきます。人それぞれ体格も性格も、生活環境も異なります。同じように修行をスタートしても、瞑想の深まり具合もまちまちです。

あなたは何があっても、しっかりマスターと源の存在を信頼することが大切です。浄化のプロセスで執着がはがれて浮き上がり、消えていきます。最初に浄化の雑念に感謝で接し流して、シッダーマスターを信じることが大切です。

食事や呼吸のように、日々になじませる

みなさんは日々いろいろなことをして、忙しく暮らしています。大人同様、子ども

も、最近は塾やお稽古ごと、スポーツなど、しなければならないことが多く、時間に追われだいぶ疲れているのではないでしょうか。

　大人も子どもも、常に何かをしなければならないという思いにとらわれ、追われるように生きています。やりたいこともたくさんあります。何かができるようになると、さらにあれもやりたい、これもやりたいと、欲望が膨らみ忙しくなります。

　あるいはやりたいことを躊躇している人に対して、「やらなければ何もはじまらない」とあおる風潮もあります。ですが、そのためにストレスが増している面もあります。

　しかし、瞑想や祈りをはじめることで気持ちが整理整頓されて、物事への集中力が増してきます。そしてより余裕をもって時間を使うことができるのです。**心に翻弄されないで平和を体験して、ゆとりができるためです。**

　すると、人に慈愛をもったり、相手を深く理解したり、思いやりをもって接することができます。そして許すことが増えていき、よい人間関係になったり、仕事がうまくいったり、といった瞑想の効果が表れやすくなります。

　社会生活を送っていると仕事や日常生活で心を使うことが多く、ストレスフルになります。ですから、積極的に心を休めることが必要なのです。

私の会では2泊3日や1週間など、瞑想を深める合宿を行っています。これはいわば「仮出家」のようなものです。都会で行う仮出家ですが、テレビやパソコンもなく、精神が集中できる部屋の中で、深い瞑想に入ることができます。

在家や仮出家では満足できない方には、出家の道があります。それは自分の心と体を神に捧げ、自然になり、能力を目覚めさせて生きるのです。

マスターのもと、悟りを目指し、祈りと瞑想を行い、愛と平和の人になるよう導いていきます。

私は願います。

世界の人口の1%の人が瞑想をするようになれば、世の中が変わるのではないか。日本なら1億２０００万人のうちの1%で約１２０万人。これだけの人が好き嫌いの生き方をやめ、愛と平和の性質の人がもっと多くなることで、国のレベルからこの世界が少し変わるかもしれません。

実際に１００万人の人が出家したら大変なことですが、その中の何千人、いえ何百人でも瞑想をすることで、確実に何かが動き出すのではないでしょうか。

エネルギーの浄化と活性化で意識を進化させる

ヒマラヤ秘教では、高次元の存在からの祝福をいただきながら、さらに個人の深い瞑想修行をすすめます。シッダーマスターからのガイドにより、その人に無理のない形で段階を追ったさまざまな教えと秘法で浄化やエネルギーの活性化も行います。

心の内側があなたの運命を決めています。内側がどうなっているか、そこに入っていくこともできないのでわかりません。また、そこが運命を決めているということも知りません。

内側に入る秘法がヒマラヤ聖者の愛と知恵であり、安全に最速で、神に出会うために自然に戻していきます。それによってあなたの運命が変わるのです。

この宇宙は、さまざまなエネルギーで構成されています。人間の体も同じく自然を構成し、優れた調和でできた5つの元素と、さらに音と光があります。人間の体は小宇宙です。神の神秘な力によって、生命エネルギーの活動が支えられているのです。

見えないところの源からエネルギーが創造され、それがさらにいろいろなエネルギーを集め、そして人間の肉体はつくられたのです。

そこに心が発達していきました。そして、この体を道具として心身を浄化し変容させ、最速で自然性を取り戻し、神と一体化する修行法を発見しました。

次に、5つの元素の働きの気づきがありました。

体と心を構成する「**空**」は、体内のすき間です。このすき間があることで、自在に体を動かせます。「**風**」は呼吸によって気（プラーナ）を全身に回す役割をします。「**火**」は食べた物を燃やし、消化や新陳代謝などを助けます。つまり固体を燃やし、見えないエネルギー体に変換します。「**水**」は体液や血液です。全身を巡り、潤いや柔らかさをもたらします。

そして、「**土**」は肉体そのものを構成しています。

5つの元素の各体にそれぞれセンターがあり、**チャクラ**と呼ばれます。そのセンターをマスターからの各種ヒマラヤシッダー瞑想秘法や祝福で進化し、瞑想が深まり覚醒していきます。

重要な3つのエネルギーを目覚めさせる

私たちを構成する基本のエネルギーを、先にも述べました。それらは「愛の道」「知恵の道」「生命力の道」で、とくに尊いものです。多くの人の場合、その機能が未だ目覚めておらず、ほぼ休眠しています。

シッダーマスターは、内なる自然の、命の科学のメカニズムを知っています。体の中のエネルギーのセンターを浄化する秘法と心身の使い方を知っています。「愛の道」のセンターは、アナハタ・チャクラと呼ばれ、胸にあり、ここを浄化しサレンダーすると大きな愛の人になります。

「知恵の道」のセンターはアジナ・チャクラといい、額にあります。そこを浄化してサレンダーすると、神の知恵、真理の考えが湧くのです。

人は怒ったり悲しんだり不自然になり、エネルギーを消耗しています。無心になることが必要です。「生命エネルギーの道」のセンターはマニプラ・チャクラ。腹部にあります。ここを浄化すると、生命力や行動力や持続力が盛んになり、やる気がみなぎります。

こうしたエネルギーのセンターを浄める秘法や知恵を磨く秘法、知恵に気づく秘法をマスターからいただきます。また、生命力を消耗せずに心身を目覚めさせる秘法をいただくことで、着実に瞑想が深まり、内側の浄化もすすむでしょう。

「愛」を添えて変容する

瞑想を続けていても「瞑想をやらねばならない」と、強迫観念や義務のように感じて頑張りすぎては、エゴが強くなることもあります。

もともとは瞑想にチャレンジしたい、そして楽になりたいと、自分のためを思ってはじめる人がほとんどでしょう。しかし、そればかりでは、やはりエゴになります。もう一歩すすんで、人のためにもなる瞑想、誰かを助けるための瞑想といった、愛を盛り込んだ瞑想ができれば理想的です。

瞑想以外の時間でも、普段からよい心身の使い方をして変容がさらに安全にすすむようにしていきます。行為で執着をつくるのではなく、愛を出して思いやりを出していきます。善行をしていくのです。「人に捧げていく」「差し出す」行為を心がけることが大切です。

　こうした生きる姿勢、つまり人のための行為は、そのまま自分を形づくるものになります。自分の生き方が自分という作品をつくるのです。それは修行にほかなりません。本質的なよい行いは、ヒマラヤシッダー瞑想とセットになっているのです。それをしないと瞑想をしてはならないのです。なぜなら最初にそうした約束をして、スピリチュアルな道にすすむからです。

　一方で、内側をきれいにして外側の行為は不平不満だらけというのでは、元も子もありません。欲をコントロールする、心（マインド）をコントロールするのが瞑想であり、いろいろくっつけて演じる人ではなく、自然な人になる。それは神聖な人になる新しい自分と出会う生き方なのです。

　毎日の生活の中に、**愛からの瞑想を無理なく取り入れ、みんなが幸せになるために自分を正しくしていく**、そんな人間性に富んだ時間を過ごすということを実践していただきたいと思います。

ここまでヒマラヤシッダー瞑想への入門からステップアップの段階、生活の中での瞑想的生き方などについて紹介してきました。

ヒマラヤ秘教は決して難しいものではなく、あなたが楽に生きるためのものであり、内側を整え、外側も自然に整う教えなのです。そして通常に暮らすよりはるかに、すべてにおいて優れた生き方ができるのです。そして、それを可能にするシッダーマスターと秘法の恵みがあるのです。それは口伝なので、ここで表現することはできません。また、秘法はエゴのため、自分の権力や驕りのために使うのではなく、すべて神にお返しをするために使うものです。これらの秘法があなたに伝授されること自体が、まったく稀有であり、幸運なことなのです。

あなたが美しい心、美しい体、美しい魂をもち、また美しい生き方ができる最高にやさしくパワフルな秘密の教えが、いま、あなたの手の届くところにあります。

本書の案内で何かを感じましたら、あなたの可能性に挑戦してみてはいかがでしょう。あなたにとって、瞑想の体験で失うものは何もありません。時間のゆとりが増え、エネルギーが増え、知恵が増え、愛が増えるのです。

どうぞ一歩前進して、ドアを開けてみてください。この道は初歩から、最終段階まである豊かな道です。赤ちゃんから死ぬ間際の人にまで門を開いています。

誰もがヒマラヤの恩恵を受けることができます。もちろん知恵を開き、悟りを開きたい人もです。ヒマラヤ聖者、シッダーマスターの祝福で、誰にでも瞑想が起き、内側が輝きはじめます。

この修行は自然に行われ、何の無理を強いることもありません。

あなたは天使のようになって、この地球を浄める存在になるのです。ただ「成長したい人」と願うすべての人に、その門戸は開かれています。

「まだ見ぬ自分」に出会うことがヒマラヤ瞑想の究極の目的です

瞑想を続けるとさまざまな変化、気づきが起き、進化した思いもよらない自分の姿に驚くこともあります。以前の自分で考えられない言動をしたり、ものの考えが直感的で優れていたりすることがあります。それは、「まだ見ぬ自分」との邂逅です。神性を宿す「自己（セルフ）」との出会いです。

自分の還る場所を見つけるのが人生の目的

瞑想を通して「自己（セルフ）」を探してください。小宇宙である自分の内側を知る。そして究極のサマディに入っていく。それは**自己を体験していくこと**に他なりません。これがヒマラヤ秘教の修行であり、究極の生きる目的でもあります。その修行のメインに、ヒマラヤシッダー瞑想があります。

それは、「自分は誰なのか」という問いの答えを発見することです。心の曇りをとり、その奥にあるものに出会っていくのです。心は自己なのか、体は自己なのかと、気づきを得、最後に自己（セルフ）を悟るのです。体と心の中にはさまざまな働きがあります。それらに気づき、さらに深く理解して体と心を超えていくのです。

自己（セルフ）を知ることが、人生の目的です。それがわからないと無知のまま生きていくことになります。心にコントロールされ、欲望にコントロールされているというのは、あなたの命をすり減らし、執着をつくっていることで、欲望の方向に翻弄され、真理とは逆の方向に連れていかれることになるのです。

外側の物事を取り込んで、心や体を満たしたつもりになっても、それに依存しているというのは、心の満足、感覚の満足にすぎず、それは変化してまた不満となります。そのことに気づかなければならないのです。

たとえば、がむしゃらにお金を求めたり、名誉を求めたり、友を欲しがったり、装飾品を集めたり、豪邸を建てたりします。しかし心は満足したかに思えても、それは満足を装い、知識をひけらかすなどの表層の動きで、いまだ自己を知るには至っていません。あるいは、死を恐れたり、逆に「死ぬのは怖くない」と開き直ったり、病気になることを恐れたりもしています。

ただ消耗を繰り返しているだけです。

あなたが「自己を悟ること」は、自分の本来の居場所、還る場所を見つけることです。究極の真理であり、あなたが魂になるのです。いままで心身が曇っていて、気づきませんでしたが、心の曇りがとれ、超えて真理になっていくのです。

そこは深い平和と安らげるところです。平和で愛に満ち、知恵に満ち、「ここが自分の居場所だったのだ」と気づくのです。故郷やわが家のような、安心できる場所なのです。

消耗から充電へ生き方をシフトする

自分の現状を「まあ、豊かなほうだ」と満足しているあなたも、暗闇の中で本当に求めるものではないものを躍起になって集めて生きているのかもしれません。集めてもすぐに興味がなくなり、また次のものが欲しくなります。

心の欲望という思い（マインド）を使っていて、自分の心の奴隷になっています。欲望に振り回されて、追い求めてもキリがありません。何かが満足しないのです。それは心の満足ですから、やがて色あせて魅力を感じないものになるのです。

また、心もいろいろな役割を演じています。たとえば、社長になったり、父や母になったり、夫や妻もしかり。このようにいろいろな役割を演じていて「素の自分」になることができないのです。

それは自然体ではなく、本当の生き方ではありません。

そうした心の奥に静寂があり、それを超えたところに**不動の源の存在**があります。

それを目指すのが人間完成です。辿り着いたそこはすべてが満ちています。

瞑想によって充電して、心安らぐ時間をもってください。そして本当のあなたに出会うのです。

「自己」を悟っていく

「自己を悟る」とは、自己（セルフ）を発見することです。自己のまわりを心に蓄積され記憶や感情、思考、それに知識などが覆って自己がどこにあるかわからず、見えません。心は磁石の働きでさまざまなものをくっつけ、それが自己を覆って見えなくしていきます。

ヒマラヤ秘教の教えは自己、セルフを発見するためのものです。心身を浄化して、透明にして、自己という永遠の存在を発見していきます。そこに至るには、すべてのつながりをよい縁にして、邪魔をされないようにさらに超えて一体になるということです。ヒマラヤ秘教の瞑想は、解脱《げだつ》をして本質に還るということです。自分を混乱させるものを浄め、神がつくった自然に戻し、不自然なものにコントロールされないようにしていくわけです。

心は数珠のように太古の昔までつながっています。それがいろいろな現象を引き起こします。それを神からつながるものとして、執着のない関係に整えていくのです。普通、心のつながりは執着が強く離れようにも離れられません。ましてや、通常は執着していることもわからず、それをとりたいとも思わないのですから、死んだ後もそこにつながり、エゴでその重いクオリティの世界に連れていかれてしまいます。

私たちに最もつながりがあるものといえば、両親でしょう。感謝をしてつながる必要がありますが、精神的に離れる準備をすることが大事です。子どもは、成長して自立していきます。親と子がお互い精神的に依存し合わないような関係を築くことが理想です。仕事についても同じです。そうでないと、四六時中仕事のことを考えてしまうこともあります。また、お金にも執着しないで天に返す気持ちで、ドネーション（寄付）をして、感謝を捧げます。さらに食欲、性欲、睡眠欲もバランスよく、貪ることから離れ欲望を落としていきます。

そうはいっても、現実には私たちの心は、まわりのすべてとつながっています。それが瞑想をすることでよい縁に変わり、よい距離感になっていきます。離れることは難しいこともありますが、愛を出し、相手を納得させていかなければなりません。ときに離れることが怖いと思うかもしれません。そう感じるのは、何でも自分のものと思い込んでいるからです。

離れたら、すべてを失うのではないか。親から離れたら愛されなくなるのではないか。お金から離れたら生きていけないのではないか。仕事から離れたら、二度と職につけないのでは、と恐れるのです。

だからこそ、瞑想を通して離れる練習をしていきます。執着をとるのです。併せて捧げる生き方で、それらを神に返していきます。この体も心も、もともとは神の力によってこの世に送り出されてきました。やがてそこに戻ります。そしてその力で得たものも、そこに返しましょう。心を執着から解き放して自由になり、源の存在パワーと愛を引き出し、楽になり、何でも願いがかなう力を手にするのです。それが悟りに近づくこと、自己を悟っていくことになるのです。

いまの自分を手放し、残ったものをさらに超えていく

流行語にもなった「断捨離」という言葉があります。部屋中に物があふれた状態を、

捨てて片付けるという意味で使われているようです。もともとこの言葉はヨガの教えから来ていて仏教を通して流布していきました。それは、執着を浄化するプロセス、心の解放を表した言葉です。

　多くの人は、不安や恐れから身を守るために外側の事物を「くっつける」ことに夢中になります。それはまさに心の習性、性質なのです。いろいろなものをくっつけて、依存して安心し、心の喜びを得る性質です。そして曇りとストレスを抱えていきます。

　物を捨てることは、自分の外側にある物をきれいに片付けることですが、自分の欲望や執着を捨てるわけではありません。ですから、人によってはまた物を集め出し、たまっていくということを繰り返し、性格そのものは変わらないのです。ましてや自分の心の内側は見えないので、そこにこそガラクタが積まれていることにも気づきません。

　人はより成長することを目指しています。しかし、そのやり方の多くは自分をよく見せようと、立派な言葉や知識で表現したり、偉く見えるよう演技をしたり、装飾品などで着飾ったり、という方法しかないようです。ヒマラヤ秘教の「心を空っぽにして超えて真理になる」教えは、意識の進化、自己を悟るのです。着飾ったり演技したりする表面的な心のありようは、本当の自分ではないと悟ることなのです。

魂と一つになり、
魂の元へ還ります。
そして生まれ変わります

ヒマラヤ秘教は、自分の中の「自己（セルフ）・魂」と一体となり、さらに「本当の自分＝神」を発見し、そこへ還っていくことを目的とする実践の教えです。

あなたは神性を備えた存在になっていきます。ヒマラヤシッダー瞑想は、そこへあなたを自然に導きます。

瞑想は心を浄化する営み

　ヒマラヤシッダー瞑想は、心を浄化し整理して、さらに内側を変容させていきます。

　ヒマラヤ秘教の教えは真理とは何かを実際に知って最高のヒューマニティを目指し、人間完成をしていくものです。そのための実践の教えです。

　自分の中に真理があります。魂です。それを知らないのは、暗闇に生きているのと同じです。自分の内側を浄化して変容させることで、その奥に何があるかを体験的に知っていきます。しかし自分の内側に入るのは大変です。波立つ心の働きに覆われて邪魔されるからです。そのために心を浄化して調和をはかっていくのです。

　自分の心と体を生かしている魂、真理は自己です。それは源の存在です。それは心を超えたところにあるのですが、普通にはわかりません。魂を包み込む心の曇り、体の曇りというストレスに覆われて、どこにあるのか見えません。

　源の存在、魂を取り巻く心と体の曇りを、「これは何か」「これは物質である」「変化するものである」と気づいて手放し超えていくのです。ヒマラヤ聖者は、それに合わせて積極的にストレスのカルマを焼いて変容させ、段階を追って伝授します。

ヒマラヤシッダー瞑想の悟りへの道は、瞑想者の性格に合わせたアプローチがあります。先にお伝えした「愛」「知恵」があります。それぞれのエネルギーを、秘法を使って悟っていきます。

理屈っぽい人には、「知恵の悟りの道」を用います。それは、覚醒して究極の存在を悟っていくものです。感覚的な人には「愛の悟りの道」を用います。これは信仰の道です。さらに「エネルギーの悟りの道」は、大らかな人に用います。火のエネルギーによってカルマが焼かれ、浄められ、やがてその人は源の真理に出会い悟っていきます。

ヒマラヤ秘教の教えは悟りの実践

ヒマラヤ秘教は、体や心の能力を高めますが、それを目的にするものではありません。そうしたものに力を与える源の存在、つまり究極のすべてを創り出す神の存在に向かい、真理を悟っていく道です。本当の自分である魂と出会い、向き合うセルフリアライゼーションです。

それを実践で悟っていく秘密の教えです。門外不出であり、師から弟子に秘密に伝えられてきた、悟りの科学、心の科学、体の科学、エネルギーの科学です。それは愛の科学、叡智の科学、生命の科学でもあります。たとえば物を細かく分けると、原子になり、さらに電子になり、原子核となり、原子核は陽子と中間子に分かれるといったミクロの世界になります。さらには、それらを利用して原子力の力が出ます。核融合をしたり、核分裂をすると大きな力が引き出されるのです。

それは、原子物理学という科学の知識です。しかし現代科学では神の力、この宇宙を創った神の力を知ることができません。それを知るのが、ヒマラヤ秘教の教えであり、神を知り、神の力になっていくのがヒマラヤシッダー瞑想です。

私たちの心身を道具として内側に入り、浄め、自分の奥深くの源に遡っていくのです。そして、体を超えて源にある魂、つまり自己（セルフ）と一体になっていきます。

悟りの体験者が未知への旅のガイド役

自己と一体になることが究極のサマディであり真理、つまり神を悟ることです。それを実際に知ったのがシッダーマスターです。

私はそこに至り、あなたの橋となってあなたを悟りに向かわせるガイドをしています。そのために、私が苦行をして得た知恵と愛とパワーを惜しみなくシェアしています。あなたとの出会いには深い意味があるのです。飽きたから捨てるという安易な出会いではないのです。あなたが真の自分と向き合い、尊敬をもって生きていく出会いなのです。それは自分を尊重する出会いです。

自分をだまさない、自分に正直に生きるための道です。人を裏切らない、神を裏切らない道です。シッダーマスターの愛と誠意を無駄にしない出会いなのです。

心の安らぐ故郷へ瞑想が誘ってくれる

心は常にいろいろなものを見てジャッジ（判断）したり、感覚で味わったり、外側の世界を比較する物差しで理解しようとします。それは心での理解、知識での理解です。実際に、自己を体験することが真理の悟りです。それは言葉にならないほどの体験です。悟りは自分で体験するものです。あなたが体験することで、そこに至る道が開かれます。

人を観察したり分析したりするのではなく、実際に自分が体験し、神になっていきます。本当の自分になるのです。本当の自分とは、つまり魂であり、それが「真《しん》我《が》」です。本当の自分は変化しない存在、源の神のことです。

悟りへの道は、内側を知っていくことです。まず心は何であるのか、内側のメカニズムである感情、記憶、思考、仏性、意識。それらを浄化して知り、それを超えて魂を知ります。さらに、７つの体（↓２０４ページ）からできているエネルギーを瞑想によって浄めて内側深くに入り、それらを超えて源の自己へ達して、真理に出会うのです。

つまり、それぞれのエネルギーの体を体験して超えていきます。土、水、火、風、空、音、光、それぞれの体を浄化して超え、源にある自己（セルフ）に還っていくのです。それはカムバックホームともいうべき、安息の場所への帰還です。

ヒマラヤシッダー瞑想の目的は「自己（セルフ）」さらに「神である本当の自分」と一体になっていくということです。そこに至ると、エネルギーの消耗がありません。それが真の瞑想、悟りのための瞑想なのです。

自分を愛する、神を愛するバクティ瞑想。
自分の中の生命エネルギーを浄めて目覚めさせる、クンダリーニ瞑想。
自分の中の心からのアプローチ、ラージャ瞑想。
知恵からのもの、ギヤン瞑想。
グルを慕うグルヨガ、グル瞑想。
エネルギーを充電するクリヤ瞑想。
音の波動の瞑想、サマディ瞑想、マントラ瞑想。
大まかですが、これらの瞑想をヒマラヤシッダー瞑想といいます。

あなたを生まれ変わらせる瞑想を、マスターが選び段階を追って伝授します。このヒマラヤ秘教によりあなたの神秘の力が引き出され、あなたは人生を楽に、すべての能力を生かして、生きていけるのです。いままでやってきたことのすべてがどんな意味をもっていたのかがわかり、シンプルライフになっていきます。
あなたはシッダーマスターとの出会いで、この黄金の道を楽にすすむことができます。長い苦行をすることもなく、ヒマラヤシッダー瞑想を伝授された瞬間からシッダーマスターに祝福をいただいて、幸せになれるのです。

いま、この本を読んでその幸せがはじまるのです。あなたの魂が喜ぶ道です。

私、ヨグマタがあなたを至高の瞑想世界へと案内します。

ここまで本書をお読みいただき、ありがとうございます。

さて、あなたは瞑想者としての第一歩を踏み出す勇気がもてましたか。

深い瞑想で静寂をつくり、心豊かな時間を過ごしてください。

ヒマラヤシッダーマスターの恩恵に見守られながら、上質な人へと変容してください。そして「本当の自分」に出会い、人生の目的を果たしていきます。

ヒマラヤからの聖なるエネルギーと、わたくしヨグマタのサマディパワーが、その後押しをさせていただきます。

瞑想の実践

○源の存在、シッダーマスター、自分に信頼のスイッチを入れます。
シッダーマスターがガイドとなり、心とのつながりを外していきます。
○内側の浄化を進めていきます。
○音の波動が、スピーディに浄化を推し進めてくれます。
○上質な人へ変容していきます。
○自分の還る場所を探し当てていきます。

暗闇から光へ。無知から光明へ。死から不死へ

私がこの本を通してお伝えしたかったのは、「すべての人に神性が宿る」ということです。

それは「もうひとりの自分」であり、源の存在である「神」でもあります。本書では、「自己（セルフ）」「自己・魂」さらには「本当の自分」と表現しています。

ヒマラヤの教えでは「私たちが生を受けたのは、自己に還るためです」としています。それはセルフリアライゼーション、自己の悟りです。さらには「本当の自分＝神」とひとつになり、自分自身が神になること（神我一如）が人生の目的、と教えています。

それは究極の悟りの境地であり、それこそが「真理」なのです。

ヒマラヤシッダー瞑想は、この「真理」を見つけるための、ヒマラヤ聖者という究

極のサマディを成就した生きたシッダーマスターからの実践法です。それはマスターから直接の祝福をいただけて、さらに秘法の伝授がいただける秘密の実践法なのです。真理に近づく最高のツールなのです。

あなたは過去生で、そして今生で、たくさんのカルマを積んできました。心の中は、カルマが積み重なり、曇って暗く重くなっています。その曇りをレーザーのような細やかな、ヒマラヤの聖なる波動で浄化します。すると心を覆う暗い雲がかき消されるように溶けて深い瞑想に導かれるのです。それを繰り返していくと、次第に心にこびりついたカルマの曇りがどんどん溶けてなくなり、やがてまばゆいほどの白い光の世界が開けていきます。それはコークスがダイヤモンドになるような変容です。

計り知れないパワーと可能性を秘めたヒマラヤシッダー瞑想は、あなたに今生を生きた証を与えます。

人は「生きること自体が欲望」といった側面をもっています。

生きるためには、食べ物を体内に取り入れなくてはなりません。

危険から身を守らなくてはなりません。

競争をしてライバルに勝たなくてはなりません……。

このように「ねばならない」ことが多すぎて、心のエゴが肥大し、すっかり命の輝きを失っています。生きることが苦しいわけです。カルマをもったまま意識が覚醒せず、喜んだり悲しんだり、大なり小なりの苦悩を抱き、誰もがやがて老いて、心も頑固になり、真の自己を知らずに、無知のまま死んでいかなければならないのです。

ここでいう「無知」とは「真理を知らないこと、真の自己、さらには本当の自分」を知らないということです。

つまり、生きる意味も知らないまま、生を終えてしまうわけです。

これでは生まれてきた甲斐がないのではないでしょうか。

次のようなお祈りがあります。

暗闇から光に導き給え
無知から光明に導き給え
死から不死に導き給え

あなたは真理を知ることができます。無知の暗闇から光の世界へと歩き出してください。そして純粋な魂に磨きをかけ、死後を天国にしてください。

ひとりでも多くの方がヒマラヤの叡智につながり、「奇跡の瞑想」に出会い、光への道を歩まれんことを願ってやみません。

2020年3月

ヨグマタ　相川圭子

ヨグマタ　相川圭子

女性で史上初めて「究極のサマディ（悟り）」に達したシッダーマスター（サマディヨギ／ヒマラヤ大聖者）。現在、会うことのできる世界でたった２人のシッダーマスターのうちのひとり。ヨグマタとは「宇宙の母」の意。仏教やキリスト教の源流である5000年の伝統をもつヒマラヤ秘教の正統な継承者。1986年、伝説の大聖者ハリババジに邂逅。標高5000メートルを超えるヒマラヤの秘境で、死を超える究極のサマディ修行を成就。神我一如に何日もとどまる「最終段階のサマディ」に到達、究極の真理を悟る。その後1991〜2007年のあいだ、計18回、インド各地で世界平和と真理の証明のための公開サマディを行い、その偉業はインド中の尊敬を集めた。2007年、インド最大の霊性修行の協会「ジュナ・アカラ」より、最高指導者の称号「マハ・マンダレシュワル（大僧正）」を授かる。日本をはじめ欧米などで法話と祝福を与え、宇宙的愛と叡智をシェア。サマディからの高次元のエネルギーと瞑想秘法を伝授、指導。真の幸せと悟りのための各種研修と瞑想合宿を開催し、人々の意識の進化と能力開発をガイドする。2016年6月と10月、2017年５月には、国連の各種平和のイベントで主賓としてスピーチを行う。2019年８月にはヨグマタ財団（インド）がインド政府の全面的な協力のもと、ワールドピース・キャンペーン・アワード（世界平和賞）を開催。主な著書『ヒマラヤ大聖者の人生を変える瞑想』（宝島社）、『ヒマラヤ大聖者 愛の般若心経』（さくら舎）、『思った以上の人生は、すぐそこで待っている』『未来をつくる成功法則』（大和書房）、『ヒマラヤ聖者のいまを生きる知恵』（PHP文庫）、『ヒマラヤ大聖者のマインドフルネス』（幻冬舎）、『八正道』（河出書房新社）、『The Road to Enlightenment: Finding the Way Through Yoga Teachings and Meditation』（講談社USA）など多数。さらに、テレビ・ラジオでも、人生が豊かで幸せになる新しい生き方を伝えている。TBSラジオ「相川圭子 幸せへのメッセージ」にレギュラー出演中。

瞑想《めいそう》の力《ちから》

人生《じんせい》の質《しつ》が上《あ》がる魂《たましい》の磨《みが》き方《かた》

2020年4月5日　第1刷発行

著　者　相川圭子《あいかわけいこ》
発行者　佐藤 靖
発行所　大和《だいわ》書房
東京都文京区関口1-33-4　〒112-0014
電話　03(3203)4511
本文印刷　厚徳社
カバー印刷　歩プロセス
製　本　小泉製本

ISBN978-4-479-77222-4

http://www.daiwashobo.co.jp

○デザイン
庄子佳奈
(marbre plant inc.)
○編集協力
児玉光彦
○校正
勝目美起